CAMBIA LA ECONOMÍA
Y CAMBIARÁS EL MUNDO

Luis Lehmann

CAMBIA LA ECONOMÍA Y CAMBIARÁS EL MUNDO

LA SOCIEDAD Y EL ESTADO CIRCULAR EN EL FIN DE LA ERA DE LA ABUNDANCIA

Prólogo de Adrián Sánchez

Minor
Bonomía

La colección Bonomía tiene un Consejo Científico que lo constituyen personalidades del mundo de la Universidad, la Empresa y la Cultura:

Óscar Emanuele Pérez Angulo
Presidente de Compecer

Gonzalo Sichar Moreno
Director de Última Línea
Director de Asuntos Públicos y Transparencia de Innováetica

Manuel Carneiro Caneda
Director de Bonomía
Secretario General de Innováetica

Fernando Navarro García
Presidente de Innováetica

Marco Delgado Melo
Consejero Nacional de Coparmex
Vicepresidente de Compecer

Dagoberto Lara Marín
Rector de Compecer University

Victor Hugo Malagón Basto

Vicerrector de la Universidad Sergio Arboleda (Colombia)

Eleuterio Rodríguez Castro
Director General y Consejero ejecutivo de Compecer
Ex Sub Director Corporativo de Principal Financial Group y Citibanamex

Ana María Salazar de la Guerra
Directora de Comunicación y Relaciones Institucionales de Innovaética.
Former Senior Adviser UNWOMEN - NY (ONU Mujeres)

Jorge Iván Villalobos Seáñez
Ex diputado al Congreso de la Unión de México
Vicepresidente de Compecer

Gabriel Alonso-Carro y García-Crespo
Vocal de Ética de Innováetica
Ex Jefe de Estudios de la Escuela Diplomática

Zayra Ivette Azaeta Villalobos
Vicepresidente suplente y Consejera de Compecer

Luis Suárez Mariño
Director de la revista *Defensa y Compliance*

Gustavo Mauricio Nuñez Avendaño
Presidente del Comité de Micros y Pequeñas Empresas de Coparmex
Consejero ejecutivo de Compecer

Elena Cifuentes
Jefa de División de RSC y Accesibilidad de la EMT (Madrid)

David Natanael Moreno Bojorquez
Gerente de Expansión y Acreditación de Compecer

David Lafuente
Subdirector del INJUVE

José Luis García Rodríguez
Responsable Editorial de Compecer

Primera edición, marzo de 2025

© Luis Lehmann, 2025

© Diseño de cubierta: www.disecreativo.com

© Última Línea, S.L., 2025
Juan Cortés Cortés, 3
29010 Málaga (España)
www.ultimalinea.es
editorial@ultimalinea.es

© Compecer, S.C.
Calle Ortiz De Campos, 1703
31203, Chihuahua (México)
www.compecer.com
hola@compecer.com

 www.facebook.com/EditorialUltimaLinea

 @EdUltimaLinea

ISBN: 978-84-18492-95-2
Depósito legal: MA 236-2025
THEMA: RNT, RNU RPC

Impreso en España — Unión Europea

ÍNDICE

Presentación de Bonomía, por Óscar Pérez Angulo......................11

Prólogo, por Adrián Sánchez..15

Introducción: debemos y podemos ser mejores...........................19

1. Recuperar el futuro
   De una era de abundancia a una era de sostenibilidad.............27

2. La revolución circular. Cambiar el modelo para lograr
   una nueva manera de pensar y hacer economía........................45

3. El cambio hacia una sociedad circular.
   El *Homo circularis*, nuevo protagonista de la historia...............83

4. El Estado circular.
   Políticas públicas impulsando la transformación....................101

5. La potencia local.
   Ciudades circulares para cambiar la economía........................127

6. ¡Es posible cambiar!..155

A modo de resumen..167

Anexos...171

Referencias bibliográficas...181

PRESENTACIÓN DE BONOMÍA

Me es muy grato, como presidente del consejo de COMPECER, presentar la colección BONOMÍA, una iniciativa que refleja nuestro profundo compromiso con el conocimiento, la innovación y la sostenibilidad. BONOMÍA no es solo una serie de libros; es la cristalización de un trabajo continuo y apasionado en torno a las temáticas que, hoy más que nunca, definen el futuro de nuestras sociedades.

Compuesta por dos series, MAIOR y MINOR, esta colección está diseñada para ofrecer a instituciones académicas, empresas, organizaciones y entidades una mirada profunda y práctica sobre los temas que, sin duda, que marcan y marcarán el desarrollo de las normativas y certificaciones del mañana. En COMPECER, creemos firmemente que el conocimiento es el pilar sobre el cual se construyen las grandes transformaciones. Por ello, BONOMÍA no solo proporciona una oferta extensa sobre los desafíos y soluciones en materia de sostenibilidad, sino que también está alineada con nuestro propósito de promover un impacto positivo y duradero en el mundo.

Esta colección no sería posible sin la colaboración de la editorial Última Línea, con quienes compartimos la misión de llevar a las manos de los lectores herramientas y contenidos de la más alta calidad. BONOMÍA representa una conexión directa con el ADN de COMPECER: la generación de conocimiento que, más adelante, se traducirá en normas y certificaciones, el corazón de nuestra labor profesional.

Con BONOMÍA, aspiramos a seguir liderando el camino hacia un futuro más sostenible, ofreciendo no solo conocimiento, sino también inspiración para quienes buscan soluciones reales a los grandes desafíos de nuestro tiempo.

Agradecemos a INNOVAÉTICA y todos quienes forman parte de este proyecto y confiamos en que esta colección será una guía fundamental para aquellos que buscan un impacto sostenible y transformador.

Óscar Pérez Angulo
Presidente del Consejo, COMPECER

A mi familia, Oli y Marian, Violeta y Juan. Juani.
A los que sueñan, pero más que nada,
luchan incansablemente por cambiar la realidad.

PRÓLOGO

Adrián Sanchez Roa

Director Sostenibilidad y Economía Circular

COMPECER

Nos encontramos en un momento crucial de la historia de la humanidad. Las señales son claras: el cambio climático avanza inexorablemente, los recursos naturales se agotan a un ritmo alarmante y la contaminación amenaza la salud del planeta y sus habitantes. Ante este panorama, la necesidad de un cambio de paradigma se vuelve imperante. Ya no podemos sostener un modelo económico lineal basado en la extracción, producción, consumo y desecho, que prioriza el crecimiento a cualquier costo e ignora los límites del planeta.

En este contexto, la economía circular se presenta como una alternativa viable y necesaria, una verdadera revolución en la forma en que concebimos y gestionamos los recursos. Este nuevo modelo, basado en la regeneración, la reutilización y el aprovechamiento de los recursos, propone un cambio radical que nos permite disociar el crecimiento económico del deterioro ambiental.

La importancia de la economía circular en el mundo actual es innegable. No se trata solo de una tendencia o una moda pasajera, sino de una necesidad urgente para garantizar la sostenibilidad del planeta y el bienestar de las generaciones futuras. Sus beneficios son múltiples y abarcan desde la reducción de la huella ecológica y la conservación de los recursos naturales, hasta la creación de empleo y el fomento de la innovación.

Este libro, escrito por Luis Lehmann, un experto reconocido en el campo de la economía circular con años de dedicación al tema, es mucho más que una simple introducción a este nuevo modelo económico. Es una obra maestra que combina la profundidad del análisis con la claridad expositiva, brindando al lector una comprensión integral de los principios, beneficios y desafíos de la economía circular. Cada página es un viaje de aprendizaje, una invitación a explorar las infinitas posibilidades que ofrece este modelo para transformar nuestra relación con la economía y la naturaleza.

Lehmann, con la pasión y el conocimiento que lo caracterizan, nos guía a través de los diferentes aspectos de la economía circular, desde sus fundamentos teóricos hasta su aplicación práctica en diversos ámbitos. Inspirándose en la filosofía de los círculos concéntricos de Hierócles, el autor nos muestra cómo el cambio puede iniciarse en nosotros mismos y extenderse gradualmente hacia nuestras familias, comunidades y ciudades. Las ciudades, como centros de innovación y creatividad, juegan un papel fundamental en la transición hacia la economía circular, y Lehmann nos ofrece herramientas concretas para impulsar este cambio a nivel local.

Pero este libro no se limita a la esfera pública o institucional. Lehmann nos recuerda que la transformación hacia una economía circular es un proceso que involucra a todos. Cada uno de nosotros, con nuestras decisiones cotidianas, podemos contribuir a la construcción de un futuro más sostenible. A través de ejemplos concretos, ejercicios y metodologías claras, el autor nos muestra cómo implementar los principios de la economía circular en nuestra vida diaria, desde la gestión de residuos hasta el consumo responsable, pasando por la movilidad sostenible y la participación ciudadana.

En definitiva, este libro es una guía esencial para comprender y abrazar la economía circular, un modelo que nos invita a repensar nuestra relación con el planeta y a construir un futuro más justo, resiliente y sostenible. Luis Lehmann, con la sabiduría que le otorgan sus años de experiencia, nos inspira a ser parte de esta revolución, a creer en el poder de la transformación y a construir, juntos, un mundo mejor.

Con profunda admiración y gratitud.

Muchas gracias, Luis, por dejar en tinta y papel un legado tan valioso. Y, sobre todo, gracias por ser mi amigo y guardián de nuestra amada Hermana Madre Tierra.

¡Bienvenido a la era de la economía circular!

DEBEMOS Y PODEMOS SER MEJORES

«No podemos resolver nuestros problemas con el mismo pensamiento que utilizamos cuando los creamos»

Albert Einstein

Cuando la necesidad y la oportunidad van de la mano. Me gusta recurrir a los mitos, ya que nos aportan cuentos, leyendas e historias que pueden ser muy útiles para explicar fenómenos del momento. Es sorprendente cómo con nuevos ojos, teorías formuladas hace miles de años, tienen hoy gran poder para interpretar la realidad.

Un hermoso ejemplo es el que planteó Pródico de Ceos, recuperado gracias a Jenofonte. Y dice que un día *Hércules*, popular héroe mitológico, paseaba por el bosque, hasta que llegó a una encrucijada de caminos. Frente a cada uno de ellos había una mujer. La primera poseía una extraordinaria belleza, vestía ropas suntuosas y adornaba su cuerpo con caras joyas. *«Mi nombre es Vicio —le dijo— y soy amada por la mayoría de los hombres, que también me conocen por Felicidad. Mi camino es fácil y ancho. Tómalo y nunca sufrirás dolor o peligro, ni te faltará comida, bebida, buenos vestidos ni camas blandas».*

Hércules avanzó hacia ella, pero antes de tomar su mano, se volvió hacia la segunda mujer, que iba vestida de blanco, tenía un aspecto muy modesto y no llevaba ningún adorno. Ésta le dijo, «mi nombre es Virtud, *a quien ningún hombre desprecia, pero a quien pocos aprenden a amar. Mi camino será abrupto y espinoso y no te prometo facilidad ni placer alguno, solo trabajo y esfuerzo. Para el que es valiente, para el que se enfrenta a los enemigos de la vida y soporta las cargas de hombres más débiles, todo se tornará en orgullo y alegría. Quien me siga obtendrá honor en la tierra y al final su luz brillará entre los dioses».*

No es difícil imaginar qué opción eligió.

Extrapolada a nuestra realidad, la historia de Hércules nos muestra que no es posible desarrollarse, ni personal ni colectivamente, sin esfuerzo y virtud.

Respecto de uno de los fenómenos más acuciantes de nuestro tiempo, el de la crisis climática, y sin caer en lugares comunes o en el alarmismo, es necesario reconocer desde el inicio que como seres humanos somos parte del problema y, por consiguiente, también debemos ser parte de la solución. Con un espíritu de superación como especie, representa ese «debemos y podemos ser mejores» que da título a esta introducción. O bien, dicho de otra manera, y citando a John F. Kennedy, *«debemos encarar estas cuestiones* [en esta década] *no porque sea fácil hacerlo, sino porque es difícil».* Esfuerzo y virtud hacia el objetivo. No hay atajos o caminos fáciles, tal como nos muestra el ejemplo mitológico.

Más cerca en el tiempo, y aunque parezca que ya dimos vuelta a la página, la pandemia ha sido el evento disruptivo global más importante de nuestra generación. Si bien no alcanzamos a terminar de dimensionar sus consecuencias, sí podemos identificar un período de transición del que aún no es posible dilucidar un momento de estabilización.

Más allá de cada experiencia personal, ha representado una pausa obligada, un momento de reflexión, que nos permitió mirar para adentro y ver cuáles son las cosas que realmente importan.

En el contexto descrito, se presenta un nuevo horizonte de posibilidad, motivado más que nunca por la necesidad, pero también por la oportunidad.

No es tan fácil de percibir, ya que la sensación es que vivimos en un escenario de 'policrisis'. Este concepto, expresado en 2017 por el entonces presidente de la Comisión Europea Jean-Claude Juncker, ha sido definido por el historiador británico Adam Tooze como «*una situación en la que se enfrentan múltiples crisis, donde el todo es aún más peligroso que la suma de las partes*». Por su lado, la literatura de la empresa también aporta su visión, postulando un escenario global 'VICA', por las iniciales de Volátil, Incierto, Complejo y Ambiguo. O de manera más gráfica aún, como expresó el caricaturista canadiense Graeme MacKay, que a comienzos de la pandemia representó tres olas (o más bien tsunamis…), una tras otra, que amenazaban al mundo: la pandemia, la recesión y el cambio climático.

Contribuyendo a esa sensación de agotamiento de la sociedad por la pandemia de Covid-19, la violenta invasión a Ucrania contribuyó a reforzar la mirada interior. Primero por las circunstancias humanas involucradas, pero luego también por las consecuencias económicas, de alto impacto regional y mundial que, a partir de un golpe al bolsillo por el aumento de los precios, retroalimentaron las incertidumbres.

Este nuevo libro nace fruto de los profundos cambios experimentados que se siguieron desarrollando desde entonces y que refuerzan el necesario camino hacia la sostenibilidad.

Para lograr orientar esos cambios en clave sostenible, tanto ambiental, económica y social, pero también en su dimensión temporal, es necesario promover un cambio cultural. Proceso que, para ser duradero, debe estar centrado en las personas, ser voluntario, consciente, a partir de la razón y en el gozo de la más plena libertad. Es decir, no puede ser impuesto o forzado, sino fruto del convencimiento. Hete aquí el tamaño del desafío.

A pesar de la necesidad, debe ser gradual. Es imposible cambiar de un día para el otro, por lo que la transformación deberá implicar un tiempo de transición, sin prisa (aunque la hay) pero sin pausa.

La economía, en su definición clásica, es la ciencia social que estudia la forma de administrar los recursos disponibles para satisfacer las necesidades humanas. Para cumplir su objetivo, analiza el comportamiento, las decisiones y las acciones de las personas, empresas y gobiernos respecto de la producción, la distribución y el consumo.

Vista de esta forma, la acción sobre los asuntos económicos permite reorientar conductas para fomentar ese cambio cultural.

Indudablemente, en un mundo cada vez más interconectado y multipolar, el entorno y la situación internacional influyen en el crecimiento económico de los países y las regiones. En este marco, distintas tensiones como la escasez de recursos, la volatilidad de las cadenas de suministro o las consecuencias del cambio climático comienzan a adquirir dimensiones geopolíticas. Por ello hay que buscar nuevas maneras de hacer economía y de gestionar los recursos. En esta dirección, una economía sostenible no es opción, sino una necesidad, no es futuro, sino que es un presente cada vez más relevante.

Como desarrollaremos, y fuertemente influidos por estos procesos, declaraciones de hombres influyentes, ya sea del «fin de la globalización», o el «fin de una era de abundancia», nos impele a reflexionar sobre una suerte de fin de ciclo, una conclusión de una época y a tomar las medidas que sean necesarias.

Pero sin perjuicio de este escenario desafiante, el cambio es oportuno y necesario, pero fundamentalmente es posible. Más que nunca en tiempos de crisis, se vuelve indispensable optimizar los recursos, no hay lugar para despilfarros. A los viejos problemas se los debe encarar con nuevas soluciones, no hay margen para repetir recetas. El mejor remedio para la enfermedad es no seguir gastando a cuenta. La mejor alternativa, respecto de la cual ampliaremos en estas páginas, es la «economía circular». Un nuevo modelo de producción y consumo que promueve la creación de valor y el desarrollo a partir del desacople de la extracción de recursos. Es la verdadera oportunidad de hacer más con menos.

Ese cambio en la dirección correcta es posible, sin detener el progreso, porque tenemos las herramientas —los recursos humanos, materiales, económicos, la tecnología y el conocimiento— para implementar alternativas para resolver los grandes problemas que tenemos por delante como humanidad.

El modelo económico tal cual lo conocíamos hasta ahora, característico de la Revolución Industrial, priorizó la producción y el consumo a corto plazo, basado en la extracción de recursos naturales, su explotación y uso. Este sistema de industrialización masiva de productos y servicios de escaso valor para una utilización pasajera que deriva en su eliminación está llevando al planeta a ser un lugar insostenible. La 'percibida' era de la abundancia fue también la era de las externalidades negativas en el que, para abaratar costes, no se consideraron el conjunto de elementos que forman un precio, y finalmente, eso lo pagamos entre todos (y por lo general, más caro). Al mismo tiempo, termina siendo un factor de inequidad distributiva, ya que el que no consume termina también pagando con su pérdida de calidad de vida.

Tal modelo se enfrenta directamente con el ciclo de vida de la naturaleza y por ende amenaza la existencia de la especie. Es por ello por lo que el concepto de responsabilidad aplicado al desarrollo económico es clave, tanto para pensar en soluciones colectivas como para comprender que el modelo de la economía extractivista ya no tiene cabida en el mundo en que vivimos. Ahí radica parte del cambio que este libro invita a hacer, con una propuesta que permita comenzar a ver los fenómenos contemporáneos y analizarlos desde otro prisma.

Necesitamos hacer ese clic consciente hacia una nueva forma de hacer economía, con el ser humano en el centro que, sin detener el desarrollo, tenga en cuenta los límites de los recursos naturales. Si al mismo tiempo consideramos la especial relación de la geopolítica con el cambio climático, ese nuevo modelo tendrá indefectiblemente que ser 'circular'.

En este marco, la economía circular se presenta como la herramienta de este novedoso enfoque que está comenzando a desarrollarse en el mundo. Si bien el conocimiento de ésta se va extendiendo, con distintos grados de avance, es un camino que recién empieza y queda mucho por transitar para concretar la implantación de este nuevo modelo económico. En ese recorrido, se van cruzando experiencias con nuevas lecturas y hay un intercambio de ideas con distintos referentes de países donde se han dado pasos importantes.

Teniendo en cuenta lo descrito, y parafraseando al célebre escritor ruso León Tolstoi y su *«pinta tu aldea y pintarás el mundo»*, podemos postular como la economía, reenfocada en el ser humano, puede ser ese punto de inflexión que permita seguir progresando: *«cambia la economía y cambiarás el mundo»*. De abajo para arriba. O mejor dicho, con una visión humanista, del centro a la periferia. Lo que es también decir, necesitamos una economía reorientada a fines más que a los medios.

Esta propuesta intenta también aportar respuestas a las dudas relacionadas con cómo puede continuarse la senda del desarrollo y aprovechar el despertar post pandémico para vivir con mayor armonía, evitando que la abundancia se transforme en escasez. Con dicho fin, y tal como se anticipaba, el contenido se organiza en torno a dos de los tres grandes protagonistas y sus transformaciones: el ser humano y el Estado circulares, con la convicción de que la interacción virtuosa entre estos estamentos y la empresa es la que nos permitirá alcanzar nuevos niveles de desarrollo sostenible. Además, todo este marco conceptual se complementará con experiencias concretas que muestran un camino, con estrategias e instrumentos que facilitan el abordaje de la economía circular para ayudar a detectar oportunidades para su implantación.

De igual manera, pretende ser un aporte para llevar a cabo esta transición, una hoja de ruta que permita una mayor sintonía entre lo que está ocurriendo en Europa, por ejemplo, y lo que, incipientemente pero mucho más lento, está sucediendo en América Latina y otras latitudes. En este sentido, el planteo tiene el objetivo de tender un puente entre aquellas experiencias exitosas e innovadoras de las naciones que encabezan el movimiento circular y otros países en desarrollo que por múltiples razones se encuentran ante la misma oportunidad.

A modo de caja de herramientas, y con la certeza de que la divulgación, la cooperación y el intercambio de experiencias son fundamentales para la concreción de buenas prácticas, se desarrollará una serie de ideas, prácticas e instrumentos concretos. Éstos surgen de un análisis comparado y pormenorizado que aspira a despertar inquietudes y constituir un punto de partida para, según las particularidades de cada caso, expandir la economía circular a escala municipal, provincial, nacional y regional.

Seguramente buscando consensos y aceptando diferencias, pero retornando siempre al ser humano en el centro de la preocupación, en armonía con su entorno, aspiro a proponer hacer las cosas de una forma distinta para conseguir mejores resultados.

1

RECUPERAR EL FUTURO
DE UNA ERA DE ABUNDANCIA A
UNA ERA DE SOSTENIBILIDAD

«Lo bueno que hay ya en tu vida es la base de toda abundancia»

Eckhart Tolle

Valorar la abundancia. Cuenta un antiguo mito hindú que Indra, Rey de los dioses, presidía una procesión sobre su elefante cuando se le acercó un mendigo y le entregó una guirnalda diciéndole *«Toma, Rey. Te entrego esta guirnalda como símbolo de abundancia y prosperidad, cuídala».* El Rey la tomó descuidadamente y, sin ningún interés, la colocó en el cuello de su elefante, sin saber que, dentro de esa guirnalda, se escondía Lashkmi, la diosa de la prosperidad. Al ver que Indra, Rey de los dioses, no sentía ningún respeto hacia ella, Lashkmi simplemente desapareció y, con ella, toda la prosperidad de los mundos, la alegría, la belleza, las flores, el dinero, la bondad y el amor.

Los dioses, al darse cuenta de que dentro de la guirnalda se ocultaba Lashkmi y de que ésta había desaparecido, fueron a pedir consejo a Visnhu, esposo de ésta, y uno de los dioses más importantes, creador y preservador del universo. Vishnu, aterrorizado, pues ella le proporcionaba la energía para poder realizar sus funciones, a sabiendas de que Lashk-mi no era una diosa que se enfadara o que se alzara en armas; cuando no se la honraba, simplemente desaparecía. Se lanzó a una búsqueda sin fin por los mares profundos generando un enorme remolino de agua hasta que, por fin, la encontró delicadamente posada sobre una flor de loto, vestida de rosa, y ofreciendo flores y bendiciones. Una vez que Vishnu la tomó de la mano, la prosperidad volvió a los mundos.

Lakshmi, probablemente una de las diosas más importantes del gigantesco panteón hindú, es la diosa de la riqueza y la prosperidad, tanto material como espiritual. Su nombre deriva de la palabra sánscrita Laksha, que en el Rig-veda, el texto más antiguo de la India, de mediados del II milenio a.C., representaba una marca, un signo, una señal, un blanco o marca para apuntarle, un tope, una finalidad, un objeto, una presa, o un premio (según el Rig-veda 2.12.4). Podríamos interpretar entonces que Lakshmi representa la meta de la vida, lo que incluye la prosperidad material y espiritual.

Este sencillo, pero elocuente relato, publicado por el sitio *Verdadera Esencia Psicología,* nos ofrece una idea bastante clara de lo que puede significar la abundancia y la prosperidad. Cuando no las valoramos, éstas pueden desaparecer, no hay que darlas por sentadas. Si las buscamos con esmero, nos pueden brindar su mano con generosidad.

Un «fin» que anuncia un cambio de época. Como podemos inferir en función de analizar distintos acontecimientos históricos, es muy difícil determinar cuál es el momento exacto en el que se produce un cambio de época. Por dar un ejemplo, solemos ubicar el fin de la Edad Media a partir de acontecimientos separados por casi 40 años. Por un lado, la caída de Constantinopla en manos de los otomanos en 1453 y por otro el descubrimiento de América en 1492. Sin duda no fueron los únicos, pero si tal vez los más relevantes. Más cerca cronológicamente, la tecnología acorta los tiempos tanto como la información amplifica el conocimiento de hechos en distintos puntos del Globo.

Pero si a pesar de la multiplicidad de fenómenos debiera sintetizar los últimos tiempos en dos frases *fuertes*, con alto contenido económico (pero también incuestionablemente político y social), sin duda elegiría las de Larry Fink y Emmanuel Macron.

El primero, director general de BlackRock, el mayor fondo de inversiones del mundo dirigió en febrero de 2022 una carta a sus accionistas advirtiendo que *«la invasión rusa de Ucrania ha puesto fin a la globalización que hemos vivido durante las últimas tres décadas»*.

Tal vez el concepto de globalización estaba esperando solo el momento de que lo enterraran, ya que su ocaso es un parte de un fenómeno que comenzó luego de la crisis económica del 2008, producto de un aumento de los proteccionismos y de las tensiones comerciales entre distintos países. Conviene aquí aclarar que nos referimos a la variante económica del proceso de mundialización, que se ha caracterizado por la creciente integración económica a nivel global, con el comercio internacional y la inversión extranjera como pilares del crecimiento. Otros intercambios, que configuran también una visión de una «globalización» más amplia como la social o cultural debieran ser irreversibles.

Sin embargo, la novedad se da más bien por el lado de lo que se pudo considerar hasta el momento como «abundancia». La segunda cita, la del actual presidente francés, que declaró luego de una reunión de gobierno respecto del fin de una era de la abundancia, que *«la escasez de algunas materias primas y del agua está sobre la mesa y habrá que tomar medidas urgentes al respecto».*

Si bien Macron no fue el primero, podemos rastrear llamados de atención de estas características cuanto menos hasta el informe «Los límites del crecimiento» de 1972, del cual hablaremos más adelante.

En otra parte de su alocución, reafirma la visión que planteaba al inicio respecto de las múltiples situaciones de contingencia:

> *«El momento que estamos viviendo y que nuestros compatriotas viven con nosotros, puede parecer estructurado por una serie de crisis, cada una más grave que la anterior. Y es posible, que tal vez estemos continuamente destinados a participar en la gestión de crisis y emergencias. Creo que lo que estamos viviendo es más bien un gran giro, un gran cambio. En primer lugar, porque estamos experimentando, no solo este año o este verano, el fin de lo que parecía la abundancia».*

A continuación, en otra definición de impacto económico, destacó el final de la liquidez, la disposición de dinero barato o sin costo.

Estas declaraciones se produjeron en el marco de los acontecimientos que afectaron a Europa en el 2022: *«es un gran punto de inflexión el que estamos viviendo»*, en sintonía con el concepto de múltiples crisis en simultáneo. Tanto a partir de los coletazos de la pandemia, la visibilización del cambio climático, como de una impactante guerra en Ucrania a las puertas del continente que a su vez impulsó el aumento de precios que desencadenó en una crisis energética, la que proyecta la sombra de la inflación a toda la economía global.

Pero no fue la única amenaza que destacó el presidente francés, ya que se refirió también a los peligros que conlleva el fortalecimiento de los regímenes autoritarios y los riesgos para la democracia: «*la libertad tiene un costo*».

Para enfrentar estas amenazas, el camino propuesto por el mandatario pasaría por dejar atrás la despreocupación, y reemplazarlo por el sacrificio y el esfuerzo. «*Nuestro sistema basado en la libertad en el que nos hemos acostumbrado a vivir, a veces, cuando tenemos que defenderlo, puede suponer hacer sacrificios*», insistió.

Su mensaje, no acompañado ni refutado por otras voces de su calibre, pareciera no haber encontrado eco en la sociedad más allá del impacto inicial. Sin duda su voz fue hasta el momento la más representativa y, a pesar de que a nadie le gustan las malas noticias, tal vez, una llamada de atención oportuna.

Mucho tiempo o poco, depende de dónde se vea. ¿Es tarde o estamos a tiempo? Prefiero creer que aún podemos cambiar.

Un cambio de ciclo económico. Sin intentar hipotetizar cuáles pudieron ser las motivaciones de cada uno de estos referentes al momento de plantear las definiciones expuestas (muchos conocedores de distintas especialidades ya lo han hecho), ambas opiniones permiten percibir un hilo común respecto al 'fin', que no se trata de otra cosa que poner sobre la mesa la percepción de actores de peso sobre un auténtico cambio de ciclo económico. Un ciclo en el que los precios de la energía, los recursos naturales, las materias primas y los bajos tipos de interés impulsaron un fuerte crecimiento, sustento de nuestra visión de progreso económico. Y donde más se nota esa pérdida de horizonte de crecimiento, es en la pérdida del poder adquisitivo y, por ende, de la calidad de vida.

Sin embargo, el 'fin' de era se aprecia incluso antes de que algo nuevo haya comenzado a tomar el mismo camino de certeza para la mayoría. Este cambio de época era algo que se venía debatiendo en sectores muy informados, académicos o científicos, pero sin medidas o respuestas por parte de las élites, tanto gubernamentales como empresariales. La pandemia visibilizó este declive y las pobres respuestas estatales aceleraron su desenlace.

¿Vivimos en una era de la abundancia? El término abundancia proviene del latín *abundantia* y según la Real Academia Española refiere a «una gran cantidad de algo». Como hemos visto en el ejemplo de la mitología hindú, puede ser usado como sinónimo de prosperidad y riqueza material, pero según indica la fuente citada, también de bienestar.

Ubicándolo en un espacio temporal, y en el marco de un progreso de la sociedad, existe una tendencia a creer que actualmente vivimos en un período que podríamos definir como el de una 'era de la abundancia'. De una abundancia de cosas entendida como una disponibilidad infinita de elementos, en el que las personas tienen acceso a una gran cantidad de recursos naturales, como alimentos, agua, energía y materias primas. Durante este período, que tal como describiremos más adelante comienza con la Revolución Industrial, pero se acelera en los últimos 80 años, las sociedades han podido desarrollar tecnologías y sistemas económicos que les permiten satisfacer sus necesidades y deseos de manera cada vez más eficiente. Sin embargo, a medida que la población mundial crece, descubrimos que las fuentes no son ilimitadas. Y los recursos se vuelven cada vez más escasos. Por eso cada vez más gente se plantea la pregunta de si realmente vivíamos en una 'era de la abundancia' y de si ésta no ha llegado a su fin.

El fin de la abundancia no debe ser el regreso a la escasez, ni el fin de la prosperidad. Puede haber una luz de esperanza: la era de la abundancia de recursos puede estar llegando a su fin, pero esto no significa necesariamente el fin de la prosperidad. A pesar de que habrá que tomar decisiones difíciles (ya están tomadas todas las decisiones sencillas...), la importancia del esfuerzo se vuelve evidente si no deseamos ingresar en una nueva «era de la escasez».

Aquí conviene recordar que no siempre hemos vivido en la percepción de la abundancia. Es importante la perspectiva de uno de los pioneros de la economía circular, el arquitecto suizo Walter Stahel, que destaca cómo el proceso de las revoluciones industriales, *«permitió a la sociedad liberarse de los límites de los recursos naturales y superar la escasez de alimentos, bienes, vivienda, energía e infraestructura, poniendo fin a una sociedad circular de pobreza tan antigua como la humanidad»*.

Pero la idea de 'liberarse' y tener acceso fácil a los recursos ha llevado a esa 'sociedad circular' a estar cada vez menos dispuesta al esfuerzo. Muchas personas, me incluyo, hemos crecido acostumbradas a tener acceso fácil a una gran cantidad de bienes y servicios y, como resultado, podemos ser reacias a encarar las acciones necesarias para vivir de manera más sostenible.

Sin embargo, es importante entender que, para garantizar un futuro próspero, es necesario hacer cambios significativos en nuestros estilos de vida y saber que no será posible sin esfuerzo, ni de un día para otro.

No habrá posibilidad de retomar el camino del desarrollo sin esfuerzo. Pero la abundancia tiene además de su faceta material, una crisis de su dimensión simbólica. Nos hemos acostumbrado a una disponibilidad casi absoluta de mercaderías, de cualquier lugar del mundo, entregadas a muy alta velocidad, casi de un día para otro. Esto nos ha permitido generar una sensación de gran conformidad con el funcionamiento del sistema, que retroalimenta los patrones de consumo. Una comodidad adquirida a costo del esfuerzo de enormes cadenas de suministro.

Otra cara de esa tendencia cada vez mayor hacia la comodidad y la falta de disposición al esfuerzo, se debe también en gran medida a los avances de la tecnología, que ha permitido automatizar muchas tareas y hacerlas más fáciles. Esto ha llevado a una disminución del esfuerzo físico y mental requerido para realizarlas. Esta tendencia hacia el confort excesivo se refleja también en cierta falta de compromiso de muchas personas con la sostenibilidad y el cuidado del medio ambiente, ya que el esfuerzo requerido para tomar medidas sostenibles puede considerarse en muchos casos como un 'sacrificio'. Esa disminución de la perspectiva retroalimenta esa visión, errónea, de que en cierta manera el progreso y la prosperidad puedan asegurarse a lo largo del tiempo.

Esfuerzo no tiene por qué ser sacrificio. Conviene aquí diferenciar sacrificio y esfuerzo. Son dos conceptos que a menudo se utilizan de manera intercambiable, pero en realidad tienen diferencias fundamentales. El término sacrificio en la actualidad pareciera tener una connotación de índole negativa. Se refiere a la renuncia o pérdida de algo valioso con el objetivo de alcanzar una meta o beneficio mayor. Por otro lado, el esfuerzo se refiere al trabajo o dedicación que se pone en algo para alcanzar un objetivo.

A menudo, el sacrificio implica una cierta cantidad de dolor o sufrimiento, mientras que el esfuerzo se refiere más a la dedicación y determinación. Por ejemplo, un atleta que se entrena duro para una competencia importante está haciendo un gran esfuerzo, mientras que el sacrificio sería si tuviera que renunciar a ver a su familia o amigos durante el entrenamiento.

Otra diferencia importante es que el sacrificio suele ser temporal, mientras que el esfuerzo es un proceso continuo. Por ejemplo, un estudiante puede sacrificar su tiempo libre para estudiar para un examen, pero una vez que el examen está terminado, el sacrificio ha terminado. Sin embargo, el esfuerzo de aprender y estabilizar al día con el material de estudio es algo que debe continuar a lo largo del curso.

En general, el sacrificio y el esfuerzo son ambos importantes para alcanzar metas y lograr el éxito, pero deben equilibrarse adecuadamente. El sacrificio puede ser necesario en algunas ocasiones, pero no debe ser visto como la única forma de alcanzar un objetivo. El esfuerzo constante y la dedicación son iguales de importantes.

Es fundamental que se promueva un cambio de mentalidad en la sociedad, un cambio cultural, para que no sea necesario sacrificarse y a través del esfuerzo se entienda que el uso sostenible de los recursos es la mejor forma de asegurar un futuro próspero. Como decía Eurípides, poeta griego contemporáneo de Sócrates, «*mucho esfuerzo, mucha prosperidad*».

Pero… ¿Qué entendemos por prosperidad? En un mundo cada vez más consumista, ¿qué es realmente la prosperidad? Es fácil caer en la trampa de creer que se mide exclusivamente por la cantidad de bienes materiales que poseemos. Durante mucho tiempo se ha asociado con tener cosas materiales, como una casa grande, un coche de lujo o una cuenta bancaria con un gran saldo. Pero es importante recordar que estas posesiones materiales no nos hacen realmente felices a largo plazo. De hecho, la investigación ha demostrado que después de cierto nivel de ingresos (más precisamente 40.000 euros anuales según la Oficina Nacional de Estadística del Reino Unido), el dinero adicional no tiene un impacto significativo en nuestra felicidad.

La verdadera prosperidad es algo mucho más profundo y complejo. En el contexto de este 'fin de la era de abundancia', la visión anterior resulta limitada. Con una orientación centrada en el ser humano, una verdadera prosperidad debería basarse en otros valores.

En lugar de enfocarnos exclusivamente en posesiones materiales, es fundamental aprender a apreciar aspectos significativos como la familia, relaciones interpersonales, bienestar físico y el entorno natural. Es crucial abrazar conexiones profundas y cultivar un propósito y satisfacción en la vida. Este enfoque hacia la 'desmaterialización' no implica adoptar una existencia ascética o renunciar completamente a las comodidades y lujos, sino más bien ser conscientes de lo verdaderamente valioso y en consecuencia buscar un equilibrio. Al practicar una mayor austeridad, podemos aprender a valorar mejor las cosas que realmente importan en la vida.

¿Qué pensamos entonces que era la abundancia? Sin duda el punto crucial para definir lo que hemos entendido como abundancia tiene que ver con la noción que hemos desarrollado como sociedad respecto del progreso. Para autores como el psicólogo experimental Steven Pinker, a pesar de las dificultades, vivimos mejor que nunca y estamos disfrutando del periodo con mayor esperanza de vida, riqueza, educación y oportunidades de la historia.

La 'era de la abundancia', o la época en que nos creímos vivir en la abundancia, ha sido un tiempo que podemos definir particularmente a partir de la Segunda Guerra Mundial y caracterizado por una etapa de expectativa de crecimiento económico que parecía ilimitado. Este crecimiento logró bajar los precios para impulsar un consumo masivo a partir de la extracción ilimitada de materias primas, industrialización masiva de productos estandarizados, marketineo excesivo para una compra innecesario y posterior descarte. Este modelo económico se conoce como 'economía lineal'. Es dado también reconocer que, si bien esta forma de impulsar la economía generó mucho empleo y permitió la inclusión de grandes conjuntos de la sociedad, no evitó ni una creciente desigualdad ni la generación de importantes pasivos ambientales. La necesidad de cambiar este modelo implica dar un paso adelante.

Una economía de fines: otra forma de pensar y hacer economía. La mayor visibilización respecto de la contradicción externalizada en los problemas de la economía generados por la covid-19, fue el empujón que se necesitaba. La crisis en Ucrania lo refuerza. Y la toma de conciencia del fin de una era de la abundancia lo ratifica. Es el momento de comenzar a hablar de otra economía.

Hacia 1932, Lionel Robbins, economista de la London School of Economics, intentó aclarar los debates de ese entonces sobre la órbita de intervención de la economía, definiéndola como «*la ciencia que estudia el comportamiento humano como una relación entre fines y medios escasos que tienen usos alternativos*». Más cerca en el tiempo, el profesor de economía estadounidense contemporáneo Gregory Mankiw acotó que «*la economía es el estudio de cómo la sociedad gestiona sus escasos recursos*». Sin embargo, y tal como afirma la economista inglesa Kate Raworth, lo hizo «*borrando completamente del mapa la cuestión de los fines u objetivos*».

Para poder continuar en la senda de la prosperidad, evitando una era de la escasez, la economía circular plantea un modelo concreto de *otra forma de hacer economía*, con la convicción de que en las próximas décadas no existirá otra manera de hacer negocios que no sea aquella que tenga en cuenta la sostenibilidad. Y no porque el ser humano se vuelva más bueno, podemos dejar este análisis a la filosofía o la psicología social, sino porque será el único camino razonable para construir modelos económicamente viables. Vista de esta manera, la economía circular es la herramienta que permite construir el puente hacia esa nueva economía sostenible. Una economía no de medios, como el aumento del consumo, el crecimiento del PIB, la creación de dinero o las finanzas especulativas, sino de fines: mejorar la distribución de la renta, disminuir la desigualdad, crear empleo, promover la sostenibilidad económica, social y ambiental y, en definitiva, generar bienestar común.

Múltiples enfoques para constituir una visión común. Pero no hay una única manera para lograrlo. Existe multiplicidad de enfoques en los que se basan estos modelos alternativos de nuevas economías orientados a los fines. Solo por citar algunos, podemos mencionar las economías del bien común, social o solidaria, ecológica, regenerativa, cooperativa, azul, de la dona o rosquilla, del rendimiento, tanto como de metodologías, simbiosis industrial, biomímesis, análisis del ciclo de vida, de la cuna a la cuna, entre otras.

Como planteamos previamente, de entre el conjunto de teorías y herramientas disponibles, esta propuesta se enfoca en la economía circular. En primer lugar, porque su concepción actual incluye la inmensa mayoría de las ideas y aplicaciones postuladas por sus predecesores. En segundo lugar, y gracias a su capacidad de adaptación a los distintos desafíos sectoriales que se le plantean, ha logrado constituirse como el paradigma con el mayor nivel de institucionalización, gracias a la profusión de normativas en distintas latitudes y segmentos de la sociedad que la promueven.

La impronta de estos modelos, postulados también por amplios sectores de la comunidad internacional en estos días, es la oportunidad de recuperar el futuro, de construir un mundo mejor, para las siguientes generaciones y también para empezar a verlo en la actualidad.

Los protagonistas de una nueva economía. Adelantándonos al desarrollo del camino propuesto, el planteo se erige sobre los tres conjuntos de actores fundamentales de una sociedad, que no son otros que los denominados técnicamente en la ciencia económica como los 'agentes económicos'.

Estos agentes actúan entre sí y se retroalimentan: una comunidad responsable con más conciencia social, con consumidores responsables, y en la que debe emerger un nuevo personaje protagónico; un Estado que sin renunciar al progreso, asuma un papel emprendedor, dinámico e inclusivo, que promueva una mayor institucionalización a partir de nuevos marcos regulatorios; y empresas líderes, acompañadas por pymes y emprendedores circulares, las que ya han comenzado a incorporar nuevos parámetros de producción y comercialización en sus planes de negocios y que marcan el sendero de la inversión a nivel mundial.

Encontrar un equilibrio entre lo que queremos y lo que necesitamos. En conclusión, la percepción de una suerte de era de la abundancia de recursos ha llegado a su fin. Pero esto no significa ni el comienzo de una era de la escasez, ni el fin de la prosperidad. Más bien representa el fin de un ciclo económico, de una era de hacer economía de medios y no de fines.

Es importante que las sociedades se adapten y encuentren maneras de vivir de manera más sostenible y responsable con los recursos. Que es posible lo demuestran nuevos modelos de hacer economía, como la economía circular.

El esfuerzo individual y colectivo es esencial para lograrlo. La verdadera prosperidad no se mide por la cantidad de bienes materiales que poseemos, sino por la calidad de nuestras vidas y nuestra capacidad de valorar y disfrutar de lo que hacemos y tenemos. Visto de esta manera, la austeridad no debe significar renunciar al desarrollo, sino encontrar un equilibrio entre lo que necesitamos y lo que queremos para ser verdaderamente felices y prósperos.

Ideas del capítulo 1 en 280 caracteres

🔖 Las múltiples crisis globales obligan a buscar nuevas soluciones.

🔖 La invasión rusa a Ucrania, con sus implicancias geopolíticas, profundiza la necesidad de implementar modelos sostenibles.

🔖 El «fin de la globalización» y el «fin de la era de la abundancia», preanuncian un cambio de época.

🔖 La era de la abundancia ha sido una época que comienza con la revolución industrial, pero que se acelera en los últimos 75 años, donde gran parte de la humanidad pareciera haberse creído que se podía consumir sin límites. Coincide con el predominio de la economía lineal.

🔖 Las sucesivas crisis visibilizan el agotamiento del modelo de la economía lineal, que ha vuelto zombi a gran parte de la economía.

🔖 El cambio necesario hacia una nueva economía no es una ruptura, sino más bien una evolución.

🔖 No habrá posibilidad de retomar el camino del desarrollo sin esfuerzo. Ese esfuerzo no tiene por qué ser sacrificio.

🔖 Cambiar la economía implica pasar de una economía de medios, a una de fines.

🔖 La economía circular no debe concebirse como el «fin de la economía», sino más bien como un nuevo estadio de esta.

🔖 La economía circular se presenta como el mejor camino para hacer frente a los desafíos del momento, pero también del futuro.

Te invito a compartir tus ideas favoritas arrobándome

🔖 @luislehmann

Apartado práctico del capítulo 1

La economía rosquilla. La clara conceptualización de espacios y límites planetarios de la economía, propuesta por la economista inglesa *Kate Raworth*, en su libro *Economía rosquilla*, nos permite visualizar el punto de equilibrio entre los derechos sociales mínimos que deben ser garantizados y el impacto máximo al ecosistema que puede permitirse antes de que un impacto sea irreparable. Ese balance lleva el nombre de 'espacio seguro y justo para la humanidad'.

Encontrar este espacio de equilibrio nos permitirá encontrar el lugar donde 'el desarrollo económico inclusivo y sustentable' es posible. Para esa franja circular que constituye la zona 'segura', propone un modelo con forma de 'rosquilla'.

En su círculo exterior incorpora nueve límites planetarios. Los mismos fueron identificados en un trabajo del Centro de Resiliencia de Estocolmo liderados por Johan Rockström y Will Steffen. Para cada uno de estos, se preguntaron cuánta presión podía absorber antes de que se pusiera en riesgo la estabilidad que ha permitido a la humanidad prosperar durante miles de años, precipitando al planeta a un estado desconocido en el que es probable que se produzcan transformaciones nuevas e inesperadas. Éstos son, el cambio climático, la acidificación de los océanos, la contaminación química, la carga de fósforo y nitrógeno, la extracción de agua dulce, la conversión de los usos del suelo, la pérdida de la biodiversidad, la contaminación atmosférica y la reducción de la capa de ozono. Su transgresión, implica superar los límites seguros.

Por otro lado, en el anillo interior de la rosquilla —su fundamento social— se representan los elementos básicos de la vida que no deberían faltarle a nadie. Estos doce elementos básicos incluyen: alimento suficiente; agua limpia y un saneamiento adecuado; acceso a la energía y a unas instalaciones de cocina limpias; acceso a la educación y a la atención sanitaria; una vivienda digna; una renta mínima y un trabajo digno; y acceso a redes de información y a redes de apoyo social.

Además, es necesario que todo ello se logre en un marco de igualdad de género, equidad social, participación política, y paz y justicia.

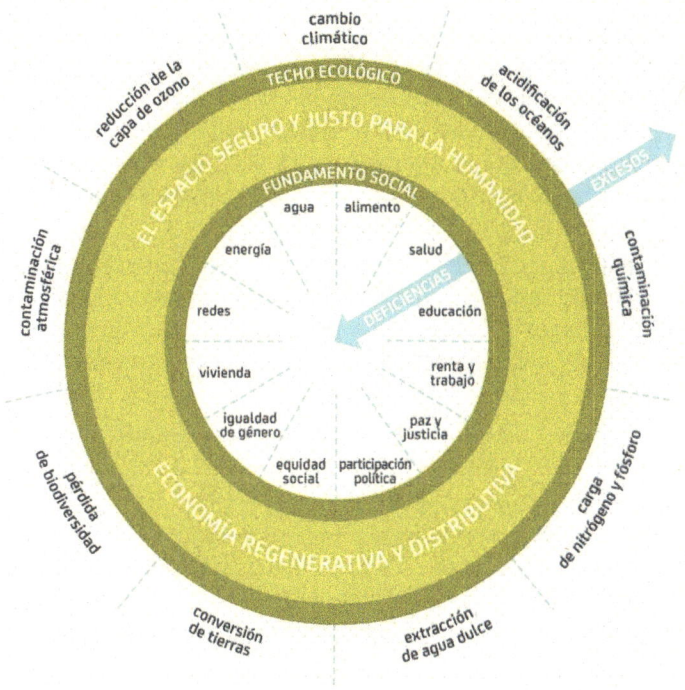

Imagen 1: Fuente y más información sobre la economía de la rosquilla en https://doughnuteconomics.org/

La visualización negativa. La visualización negativa es una técnica reflexiva originada en la escuela estoica de la filosofía clásica. Esta herramienta se enfoca en imaginar los peores resultados posibles de una situación o decisión para estar preparados ante cualquier adversidad o desafío.

Esta metodología puede ser útil para pensar sobre los grandes obstáculos que nos enfrentamos como humanidad, ya que nos ayuda a ser más resistentes y a estar prepararnos. Al imaginar los peores resultados, podemos desarrollar estrategias para prevenirlos o para lidiar con ellos de manera más efectiva si ocurren.

Además, la visualización negativa nos ayuda a aceptar que la incertidumbre y el cambio son parte de la vida. En esa dirección, nos permite fomentar una mentalidad más positiva y flexible ante las dificultades. Al estar listos para lo peor, podemos apreciar mejor los buenos momentos y ser más agradecidos con lo que tenemos y valorar más la vida.

Ejercicio 1: ¿Cómo piensas que estará el mundo dentro de 10 años?

Toma unos minutos para la reflexión y realiza una visualización negativa respecto de la humanidad. Para mayor enfoque, te propongo que elijas alguna de las dimensiones de la «rosquilla'. Luego, responde las siguientes preguntas:

¿Cómo piensas que estará el mundo dentro de 10 años?

¿Qué puedes hacer en los próximos 5 minutos para mejorar las condiciones en ese mundo?

2

LA REVOLUCIÓN CIRCULAR:

CAMBIAR EL MODELO PARA LOGRAR UNA NUEVA MANERA DE PENSAR Y HACER ECONOMÍA

«El secreto del cambio es centrar toda tu energía, no en luchar contra lo viejo, sino en construir lo nuevo»

Dan Millman

De la escasez a la era de la abundancia. Aunque parezca redundante, pero no por explícito suele tomarse en cuenta, antes que nada, la economía circular es ECONOMÍA (si, en mayúsculas). Una economía de fines, enfocada a los problemas del ser humano. En esta orientación, conocer el recorrido de la historia del pensamiento económico, tanto como la de las nuevas visiones, nos permite reconfigurar la trayectoria. Aquí veremos que, salvo algunos períodos cuando el hombre era nómada, la escasez fue una constante en el desarrollo de la humanidad hasta la revolución industrial. Para el mencionado Stahel, esta última *«permitió a las personas superar la escasez de refugio, comida y movilidad, pero al mismo tiempo alejó a la humanidad de la naturaleza».*

Conviene aclarar aquí que los términos escasez o abundancia pueden tener también una dimensión espiritual o intangible, por lo que salvo que se indique, siempre que hablemos de ellos lo haremos en su faz material.

Una economía para la administración de los bienes del hogar. Los grandes pensadores griegos abordaron los temas económicos en su Filosofía. Jenofonte, escritor e historiador nacido en Atenas que vivió hacia los años 430 y 355 a.C., postuló en *El Económico* una primera caracterización de los asuntos económicos relativos a la administración del hogar. De aquí que la expresión economía derive de *oikos*, que significa casa u hacienda, y *nomos*, que es la costumbre, la norma o la ley.

Aristóteles, profundizó su estudio definiéndola como *«la ciencia que se ocupa de la manera en que se administran unos recursos o el empleo de los recursos existentes, con el fin de satisfacer las necesidades que tienen las personas y los grupos humanos»*. En ese mismo camino, la citada Raworth afirma en la actualidad que *«la nuestra es la era del hogar planetario, y el arte de la administración del hogar es más necesaria que nunca en nuestra casa común»*.

Hasta el final de la Edad Media, no hay grandes desarrollos teóricos, pero cabe mencionar los aportes del feudalismo, el mercantilismo y la filosofía escolástica. Destacan personajes como Santo Tomás de Aquino, Antonio de Florencia y Ibn Jaldún.

A partir de aquí, desplazando el sistema feudal basado en el vasallaje de agricultores y pequeños artesanos, surgirá el capitalismo como nuevo sistema económico. Hasta ese momento, el trabajo era una obligación que derivaba de vínculos de servidumbre señorial, de la esclavitud o como obligación socio-moral de uno mismo hacia su comunidad.

Sus ideas se refuerzan por el renacimiento y la ilustración, que también dieron lugar a los Estados modernos.

Hacia la segunda mitad del siglo XVIII, se dio inicio a un profundo proceso de transformación económica, social y tecnológica: la *Revolución Industrial*. Sus inicios fueron en Gran Bretaña, y unas décadas después se extendió a gran parte de Europa occidental y la América anglosajona, dando comienzo a un ciclo del que, como veremos un poco más adelante, se conocen hasta el momento al menos cuatro etapas bien diferenciadas.

En paralelo a estos cambios de fondo, surgen los que se conocen como pensadores clásicos, entre los que destacamos a Adam Smith y David Ricardo. El primero de ellos, publica en 1776 la que es considerada la obra fundacional de la economía moderna, *Una investigación sobre la naturaleza y causas de la riqueza de las naciones,* donde defendía los principios del libre mercado. En él refleja cómo los cambios en la organización del trabajo podían afectar a la productividad y por ende a la riqueza y al crecimiento económico.

Entre otros pensamientos, Ricardo aportó su *teoría de la renta diferencial* en la que sostiene que la renta de la tierra depende de la diferente fertilidad de la misma y a la ley de los rendimientos decrecientes. También una *teoría de la ventaja comparativa,* que defiende las ventajas del comercio internacional.

Contra el ideal del libre mercado propuesto por el capitalismo y defendido por los economistas clásicos, Karl Marx postuló que el problema era el carácter de la propiedad burguesa y la explotación de los trabajadores. Su pensamiento dio origen a los sistemas socialista y comunista.

Otra escuela, la *neoclásica*, nace en la década de 1870 para diferenciarse de la escuela clásica. De acuerdo con ésta, el valor de los bienes se explica por el lado de la oferta, por sus costes. Para los neoclásicos, en cambio, se explica por la utilidad marginal, que es el valor que se asigna a la última unidad consumida por el lado de la demanda. En resumida cuenta, la principal discrepancia es la forma en que explicaban los precios y el valor relativo de los bienes.

Una de las principales preocupaciones de los neoclásicos fue la asignación y distribución óptima de los recursos en una sociedad. Apoyaron también el libre comercio como motor de desarrollo económico y como una forma de aprovechar las ventajas comparativas de los países.

Ya en el siglo XX, y para intentar dar soluciones a las crisis que producían los ciclos económicos del capitalismo, surge el keynesianismo, que debe su nombre al economista británico John Maynard Keynes. Éste creía que la principal causa de las crisis era la baja demanda, derivada de las escasas expectativas de los consumidores. El intervencionismo fue el mecanismo sugerido para estimular la demanda en momentos de depresión, a partir de aumentar el gasto público y de esa manera aumentar la inversión, la producción y el empleo. Sus argumentos constituyen hoy la base de la *Macroeconomía* y referencia de los esquemas económicos mixtos.

Muchos de estos autores compartieron a su vez principios de la doctrina del liberalismo económico, que tomó especial relevancia en el siglo pasado. Según esta corriente, las fuerzas de oferta y demanda son las que de forma natural nos llevarán a un equilibrio donde los precios reflejen la escasez relativa de los bienes y se produzca una asignación de recursos eficiente. Al mismo tiempo, la libre iniciativa de personas o empresas y la búsqueda de rentas impulsarían el crecimiento económico. El libre comercio es entonces la mejor forma de alcanzar el desarrollo económico, dado que aprovecha las ventajas comparativas de los países para alcanzar mayores economías de escala, promover la destrucción creativa y desbaratar privilegios de grupos de interés protegidos por alguna regulación injustificada.

El impacto de las revoluciones industriales. Tal como mencionamos, la *Revolución Industrial,* marca un punto de proyección en la historia, un proceso de aceleración de la economía, tanto como un florecimiento de las formas de pensar y hacer la economía. Su impronta modificó e influenció de una u otra manera todos los aspectos de la vida cotidiana de entonces.

Se inició así un proceso de desarrollo ascendente que acabaría con siglos de una mano de obra basada en el trabajo manual y el uso de la tracción animal, siendo estos sustituidos por maquinaria para la fabricación industrial y para el transporte de mercancías y pasajeros. A su vez, el desarrollo de las comunicaciones, con la construcción de vías férreas, canales y carreteras, favoreció el comercio.

La productividad agrícola como la de la naciente industria se multiplicó, mientras que disminuía el tiempo de producción. La introducción de la máquina de vapor en las distintas industrias significó un aumento espectacular de la capacidad de fabricación.

El paso de una economía fundamentalmente agrícola a una economía industrial influyó sobremanera en la población, que experimentó un rápido crecimiento sobre todo en el ámbito urbano. «*A partir de 1800 la riqueza y la renta per cápita se multiplicó como no lo había hecho nunca en la historia*», según palabras del economista estadounidense Robert Lucas, premio Nobel de Economía en 1995. Hasta ese momento, el PIB per cápita se había mantenido prácticamente estancado durante siglos.

Más tarde, el desarrollo de los barcos y de los ferrocarriles a vapor, así como el desarrollo en la segunda mitad del XIX del motor de combustión interna y la energía eléctrica, supusieron un progreso tecnológico sin precedentes. Es por esta época, hacia 1860-1870, y hasta la primera guerra mundial, que se desarrolló su segunda fase, conocida como la Segunda Revolución Industrial. Ésta se basó en la implementación de nuevas fuentes de energía como el gas o la electricidad, tanto como el uso energético del petróleo a través del motor de explosión, lo que impulsó nuevas industrias como la metalúrgica, la química y la automovilística. Esto afectó al tamaño y gestión de las empresas, tanto como la forma de organización del trabajo.

Este avance tuvo también su correlato en amplias transformaciones en la sociedad. Comienza el proceso de urbanización y comienza a acelerarse el consumo. Nacieron nuevas clases sociales, los trabajadores industriales y campesinos pobres se constituyeron en lo que se denominó el proletariado y una clase más acomodada, la burguesía, dueña de los medios de producción y poseedora de la mayor parte de la renta y el capital. Esta nueva división social dio pie al desarrollo de conflictos sociales y laborales, protestas populares y nuevas ideologías que demandaron una mejora de las condiciones de vida de las clases más desfavorecidas.

Resumiendo, la *Revolución Industrial* y la *industrialización* supusieron el establecimiento de una economía liberal, basada en la propiedad privada, la libre empresa, el librecambismo y la no intervención del Estado en la economía. Esta economía dio lugar a lo que hoy conocemos como el sistema económico capitalista moderno, del cual su etapa 'lineal' es una característica actual de su proceso de difusión, pero que puede cambiar.

A comienzos del milenio, Jeremy Rifkin, sociólogo y economista estadounidense, reconocido por su libro *El fin del trabajo*, postula una Tercera Revolución Industrial, gracias al avance de las tecnologías de las comunicaciones, al gran desarrollo y uso de internet, así como la profusión de las energías renovables.

Más cerca en el tiempo, en 2016, Klaus Schwab, el fundador del Foro Económico Mundial, propone un nuevo salto:

> *«La Cuarta Revolución Industrial genera un mundo en el que los sistemas de fabricación virtuales y físicos cooperan entre sí de una manera flexible a nivel global. Sin embargo, no consiste solo en sistemas inteligentes y conectados. Su alcance es más amplio y va desde la secuenciación genética hasta la nanotecnología, y de las energías renovables a la computación cuántica. Es la fusión de estas tecnologías y su interacción a través de los dominios físicos, digitales y biológicos lo que hace que esta revolución sea diferente a las anteriores».*

Denominada también *Industria 4.0* marca el comienzo de una realidad digital, desmaterializada, o más bien, 'desacoplada' de los materiales tradicionales. Es aquí oportuno introducir la pregunta ¿los conceptos de sustentabilidad dónde se sitúan en estos procesos? tal y como plantea el licenciado en química industrial Witold Kopytyński.

La respuesta no es simple ni directa; y es mucho menos evidente. Sin duda su respuesta puede alterar las reglas de producción y consumo, y por lo tanto, la sociedad tal y como la conocemos en la actualidad.

Los sistemas económicos y el sistema capitalista. Tal como vimos en el breve desarrollo de la historia de las ideas económicas, el sistema económico capitalista se caracterizó por la acumulación de capitales, una economía de base industrial, el surgimiento de una sociedad de clases y el crecimiento económico y la mejora de las condiciones de vida como objetivos principales. Sin embargo, y a pesar de logros en esa dirección, estos elementos generaron un aumento de las desigualdades sociales y mayor deterioro ambiental.

Pero en aras de ampliar la mirada, de brindar más elementos para reorientar la energía del debate, conviene precisar algunos términos.

- Un sistema económico es el conjunto de valores a partir de los cuales se organiza una sociedad. Para ello, usualmente se vale de la articulación de diversos elementos:

- Los agentes económicos: sociedad, empresas y Estado.

- Los factores de producción: los tres tradicionales, tierra, trabajo y capital. Pero también tecnología o la capacidad empresarial, que incluye al conocimiento.

- Las actividades económicas, que se resumen en producción, distribución y consumo.

- Los bienes y servicios, aquellos elementos producidos para cubrir las necesidades de los agentes económicos.

Estos elementos dan lugar a los distintos sectores económicos, que pueden formar parte del sector agropecuario o primario, del sector industrial o secundario, o del sector terciario o de servicios.

Si bien el derrumbe del socialismo y la hegemonía del capitalismo expresada a partir de la caída del muro de Berlín hiciera suponer que el debate contemporáneo de la economía girara sobre éste como un único sistema puro, en la práctica nos encontramos más bien con esquemas de lo que se denomina economía 'mixta', donde se combinan elementos del libre mercado y de la economía planificada.

Una nueva relación para este tiempo histórico. Hemos visto hasta aquí cómo, en todos los vínculos económicos y sociales, la economía ha seguido en los últimos tiempos un modelo lineal. Vemos también como la separación entre hombre y naturaleza, más allá de cualquier postulado histórico, filosófico o antropológico, viene de mucho tiempo atrás. Una evolución de la especie humana que fue impactando cada vez con mayor fuerza sobre su hábitat, hasta llegar a consecuencias extremas, como las que padecemos estos días. Retomando el camino de la historia económica, ha prevalecido un modo de vincularse con el mundo cuyo auge tuvo lugar a partir del siglo XVIII con las revoluciones industriales, pero que comienza a tomar una forma distinta, y que debe cambiar en beneficio de todos los habitantes del planeta. Se trata de establecer una nueva relación para este nuevo tiempo histórico que la realidad le impone a la especie humana. Si bien están por verse los resultados, la creciente toma de conciencia que se observa en las sociedades actuales de todo el planeta proporciona cierto grado de optimismo y partimos de ella a la hora de encarar trabajos como este.

Economía circular, la opción para humanizar la economía. En esta era de la abundancia, el modelo extractivista y derrochador se ha basado en disponer de grandes cantidades de energía y otros recursos baratos y de fácil acceso, superando los límites de la capacidad física del planeta, a partir de un impacto nocivo sobre las fuentes de esos recursos.

Por su parte, el modelo circular se apoya en la revolucionaria idea de imitar a la naturaleza como el mejor camino para seguir produciendo, aprovechando mejor los materiales y seguir generando ganancias.

Este movimiento de la economía es tan revolucionario como razonable. Si el hombre ya no tiene más que extraer del medio natural, habrá que aprender a reutilizar desechos como materia prima para generar nuevos recursos, la mayor fortaleza del modelo circular. Según el ciclo de la naturaleza, una planta es comida por un herbívoro, que a su vez puede ser alimento de un carnívoro, que a su vez produce desechos, que son insumo para que vuelva a salir otra planta. De esta manera, se produce un ansiado ciclo virtuoso. Decimos entonces que los recursos se regeneran a través de distintos procesos que permiten transformar los materiales descartados, ya sea con intervención humana o sin ella. La economía circular intenta imitar ese funcionamiento *biológico* en su accionar económico industrial, lo que se denomina *ciclo técnico* o *productivo*, donde los recursos se recuperan y restauran. Aquí, con la suficiente energía disponible (la cual deseablemente debería provenir de fuentes renovables), y gracias a la intervención del hombre se recuperan los distintos recursos y se recrea el orden dentro de la escala temporal que se plantee.

Por su lado, y cada vez más, los ciudadanos están demandando productos más duraderos y dejando de lado la cultura del derroche y el descarte. En ese sentido, avanza el fomento de la reutilización de bienes por otras personas cuando un usuario considere que no los necesita más, promoviendo el compartir aquellos más caros y de consumo menos frecuente (por ejemplo, ya hay varias experiencias mundiales de préstamo de vehículos o *carsharing* para utilizar automóviles sin ser dueños de éstos, pagando solo por su uso).

Como un espejo del consumidor responsable, desde la mirada de la producción, este proceso implica repensar cómo son y serán los productos que llegan al mercado. Abarca desde el mismo origen y se basa en el concepto de ecodiseño y ecoplanificación en toda la cadena de producción: la forma en que las materias primas se extraen para la elaboración de productos, la distancia hasta los centros de fabricación y consumo, la eficiencia en el envasado y el consumo de recursos como agua y energía.

Otro de los puntos que se han sometido a revisión es la propiedad de los bienes con impacto ambiental. Las nuevas generaciones, más colaborativas, nos muestran que ya no valoran tanto la posesión de las cosas, sino que privilegian su uso, así como la vivencia de experiencias. Por último, una vez que los productos finalizan su vida útil y se debieran transformar en residuos, estos deben separarse correctamente en el origen por los ciudadanos y empresas, para luego reintroducirse en el ciclo productivo.

Vista de esta manera, la economía circular es indudablemente una opción válida para humanizar la economía.

Volver a las fuentes y recuperar el enfoque vital de la economía. Pasando del marco teórico a la práctica concreta, con la intención de sumergirnos en el método para comprenderlo en toda su dimensión, la economía circular nace como un desarrollo conceptual colaborativo cuyos orígenes teóricos no pueden reducirse a una fecha o a un único autor. Gracias al trabajo inicial de un pequeño grupo de académicos, líderes de pensamiento y empresas innovadoras, existen hoy aplicaciones prácticas circulares prácticas en los sistemas económicos y procesos industriales modernos que han cobrado impulso a partir desde finales de la década de los setenta. En esta dirección, el concepto se ha ido perfeccionando por distintas escuelas de pensamiento, cuyas principales características, describimos a continuación.

La teoría general de sistemas

Es imprescindible comenzar este recorrido con la teoría de sistemas o teoría general de sistemas (TGS), ya que esta influyó fuertemente en los desarrollos teóricos a posteriori. En 1950, el biólogo austríaco Ludwig von Bertalanffy planteó esta teoría, exponiendo sus fundamentos.

Su propósito es estudiar los principios aplicables a los sistemas en cualquier nivel en todos los campos de la investigación.

Un sistema se define como una entidad con límites y con partes interrelacionadas e interdependientes cuya suma es mayor a la suma de sus partes. El cambio de una parte del sistema afecta a las demás y, con esto, al sistema completo, generando patrones predecibles de comportamiento. El crecimiento positivo y la adaptación de un sistema dependen de cómo se ajuste este a su entorno. A menudo, los sistemas existen para cumplir un propósito común (una función) que también contribuye al mantenimiento del sistema y a evitar sus fallos.

La aplicación de la TGS ha tenido lugar en diversas disciplinas, como la cibernética, la teoría de la información, la teoría de juegos, la teoría del caos o la teoría de las catástrofes.

La dinámica de los sistemas

Evolucionada de la anterior, fue postulado a principios de la década de 1960 por Jay Forrester del Massachusetts Institute of Technology (MIT).

Es una metodología para analizar y modelar el comportamiento temporal en entornos complejos. Se basa en la identificación de los bucles de realimentación entre los elementos, y también en las demoras en la información y materiales dentro del sistema.

Lo que hace diferente este enfoque de otros usados para estudiar sistemas complejos es el análisis de los efectos de los bucles o ciclos de realimentación, en términos de flujos y depósitos adyacentes.

La simulación de estos modelos se realiza con ayuda de programas computacionales específicos.

La economía de la 'nave espacial Tierra'

En 1966 el economista británico Kenneth Boulding (1910-1993) publicó *The economics of the coming spaceship earth*. En ese ensayo, Boulding utilizaba la metáfora de la 'nave espacial Tierra' para enfatizar los límites del planeta, tanto en la extracción de recursos como en la capacidad de asimilación de residuos.

La sugerente metáfora de la 'nave espacial Tierra', junto con otras que utilizó el autor en el ensayo (como 'econósfera', 'economía del cowboy' o 'economía del astronauta'), se ha convertido en un modo recurrente en la literatura especializada para referirse a la cuestión de los límites del crecimiento económico.

Los límites del crecimiento

En 1970, el mencionado Forrester fue invitado por el *Club de Roma* para una reunión en Suiza. Allí se le preguntó si podría aportar un nuevo enfoque para ser utilizado para hacer frente a la difícil situación de la humanidad.

En el avión de regreso, elaboró el primer borrador de un modelo del sistema socioeconómico del mundo, donde aparecían conceptos inéditos hasta entonces como el de *reciclaje* de productos de consumo.

Los trabajos realizados por Forrester en el MIT dieron origen a una simulación realizada por el equipo coordinado por *Donella H. Meadows* que tuvo por objeto analizar el comportamiento de las principales variables mundiales, como la población mundial, la industrialización, la contaminación, la producción de alimentos y la explotación de los recursos naturales. Sus conclusiones dieron origen a un informe que se publicó en 1972 bajo el título *Los Límites del Crecimiento*, que tuvo una fuerte difusión mundial.

Se basa en la simulación informática del programa *World3*, creado por los autores con el objetivo de recrear el crecimiento de la población, el crecimiento económico y el incremento de la huella ecológica de la población sobre la tierra en los próximos 100 años, según los datos disponibles hasta la fecha.

La tesis principal es que, «en un planeta limitado, las dinámicas de crecimiento exponencial (población y producto per cápita) no son sostenibles». Así, el planeta pone límites al crecimiento, como los recursos naturales no renovables, la tierra cultivable finita, y la capacidad del ecosistema para absorber la polución producto del quehacer humano, entre otros.

Diseño regenerativo

También en el año 1970, el arquitecto John T. Lyle comenzó a desarrollar ideas de lo que denominó *diseño regenerativo*, reformulando el concepto de regeneración utilizado en la agricultura para trasladarlo a todos los sistemas económicos. Es un enfoque de diseño de sistemas completos orientado a procesos. El término describe los procesos que restauran, renuevan o revitalizan sus propias fuentes de energía y materiales, y pretende crear sistemas resilientes y equitativos que aúnen las necesidades de la sociedad con la integridad de la naturaleza.

Economía del rendimiento

Walter Stahel, el ya mencionado arquitecto suizo y estudioso de los procesos económicos y su relación con el ambiente, realizó un informe de investigación para la Comisión Europea en 1976, «*The Potential for Substituting Manpower for Energy*», coescrito con Geneviève Reday, donde se presenta la visión de una economía en bucles (o economía circular) y su impacto en la generación de empleo, la competitividad económica, el ahorro de los recursos y la prevención de residuos. Trabajó en el desarrollo del enfoque del bucle cerrado para los procesos de producción. Con todo ese impulso, fundó el *Product Life Institute* en Ginebra, que ya tiene más de cuarenta años de vida.

El modelo del especialista citado propone cuatro objetivos principales: la extensión de la vida del producto, los bienes de larga duración, la actividad de reacondicionamiento y la prevención de residuos. Además, insiste en la venta de servicios en lugar de productos, una idea conocida como economía de servicios funcional, en la actualidad incluida de forma más general en la llamada economía del rendimiento. En esta dirección, el autor expresa una idea estratégica para la buena salud de la economía circular: esta debe considerarse como un marco, un concepto genérico basado en varios enfoques más específicos que gravitan en torno a un conjunto de principios básicos.

De la cuna a la cuna

En relación con estos elementos que forman parte del ciclo económico sustentable, otro arquitecto, en este caso estadounidense, William McDonough, junto con el químico alemán Braungart, desarrollan el concepto de la cuna a la cuna (*cradle to cradle* en inglés) en el libro del mismo nombre y promueven su certificación privada. De esta manera dan un paso más en la superación del concepto del análisis del ciclo de vida (ACV o bien LCA por su versión inglesa *life cycle assessment*) conocido por el estudio de los impactos de un producto *de la cuna a la tumba*. Se diferencia en que éste concibe el ciclo de vida del producto como algo lineal, mientras la nueva propuesta lo hace de forma circular, es decir, como un ciclo cerrado.

Esta filosofía de diseño considera todos los materiales empleados en los procesos industriales y comerciales como nutrientes, de los cuales hay dos categorías principales: técnicos y biológicos. Al mismo tiempo, se centra en la eficacia marcada por la búsqueda de la reducción de los impactos negativos del comercio, privilegiando los productos con impacto positivo.

En este sentido, el diseño propuesto por McDonough y Braungart percibe los procesos seguros y productivos del metabolismo biológico de la naturaleza como modelos para desarrollar un flujo de metabolismo técnico de materiales industriales. Los componentes de los productos pueden diseñarse para su continua recuperación y reutilización como nutrientes biológicos y técnicos en estos metabolismos.

El marco *cradle to cradle* le otorga un valor destacado a la energía y al agua, y elimina el concepto de residuos, ya que desde esta perspectiva éstos equivalen a alimentos. La premisa que plantea es diseñar productos y materiales con ciclos de vida seguros para la salud humana y el medio ambiente que puedan reutilizarse perpetuamente a través de metabolismos biológicos y técnicos. Es decir, se trata de crear sistemas para recoger los materiales tras usarlos y recuperar su valor.

En la misma sintonía, se pretende aumentar el uso de la energía renovable y gestionar el uso del agua, buscando la eficiencia, con el fin de promover ecosistemas saludables locales. Una convocatoria para celebrar la diversidad e impulsar un trabajo que debe orientar las operaciones y las relaciones con las partes interesadas con la responsabilidad social como herramienta fundamental.

Ecología industrial

Siguiendo con el camino trazado, llegamos al estudio de los flujos de materiales y de la energía a través de sistemas industriales, un enfoque conocido como ecología industrial. Centrándose en las conexiones entre los operadores del eco-sistema industrial, tiene como objetivo crear procesos de circuito cerrado donde los residuos sirvan de entrada para otro proceso, eliminando así la noción de subproductos no aprovechables.

Aquí nos encontramos con un punto clave: con el énfasis puesto en la restauración del capital natural, la ecología industrial también se centra en el bienestar social. Y esto se fundamenta en la adopción de un punto de vista sistémico, que permite diseñar los procesos de producción atendiendo a las restricciones ecológicas mientras se considera su impacto global desde el principio y se trata de darles forma para que se puedan llevar a cabo lo más cerca posible de los sistemas vivos.

A este marco de trabajo también se lo ha denominado *ciencia de la sostenibilidad*, por su carácter interdisciplinario y porque sus principios pueden aplicarse también al sector de los servicios.

Biomímesis

Queda claro que la respuesta a los interrogantes de la época está en la naturaleza como fuente para generar una nueva forma de evolución y progreso, y la biomímesis es la ciencia que innova inspirándose en ella. Janine Benyus, autora de *Biomímesis: Cómo la ciencia innova inspirándose en la naturaleza*, la define como «*una nueva disciplina que estudia las mejores ideas de la naturaleza y luego imita estos diseños y procesos para resolver los problemas humanos*». Por ejemplo, estudiar una hoja para diseñar una célula fotovoltaica.

Los tres principios básicos de la biomímesis son la naturaleza como modelo, para emular sus formas, procesos, sistemas y estrategias con el propósito de resolver los problemas humanos; como medida, para utilizar un estándar ecológico a fin de juzgar la sostenibilidad de nuestras innovaciones; y como mentora, para ver y valorar que esta no se basa en lo que podemos extraer de ella, sino en lo que puede enseñarnos.

Capitalismo natural

En el libro *Natural Capitalism: Creating the Next Industrial Revolution* (1999), Amory Lovins, Hunter Lovins y Paul Hawken describen una economía en la que los intereses empresariales y ambientales se superponen, reconociendo las interdependencias que existen entre la producción y el uso del capital hecho por el hombre y los flujos de capital natural.

El capital natural hace referencia a las reservas mundiales de activos naturales, incluidos el suelo, el aire, el agua y todos los seres vivos. Los siguientes cuatro principios son su base:

- Incrementar la productividad de los recursos naturales. Gracias a cambios radicales en el diseño, la producción y la tecnología, los recursos naturales podrían durar mucho más que actualmente. El ahorro resultante en términos de costos, inversión de capital y tiempo ayudará a cumplir los otros principios.

- Cambiar a modelos y materiales de producción inspirados biológicamente. El capitalismo natural busca eliminar el concepto de desperdicio al modelar sistemas de producción de ciclo cerrado con diseños basados en la naturaleza, donde cada producto se devuelve inocuo al ecosistema como un nutriente o se convierte en insumo para otro proceso de manufactura.

- Avanzar hacia un modelo de negocio basado en servicio y flujo. Este abordaje del capitalismo busca aportar valor a partir de un flujo continuo de servicios, en lugar del modelo tradicional de venta de bienes, y ayuda a alinear los intereses de los proveedores y clientes de una manera que recompensa la productividad de los recursos.

- Reinvertir en el capital natural. A medida que aumentan las necesidades humanas y la presión sobre el capital natural, también lo hace la necesidad de restaurar y regenerar los recursos naturales.

<u>La economía de la rosquilla</u>

No quiero terminar este repaso de las principales ideas en relación a la economía circular, sin mencionar el trabajo de Raworth y su modelo de economía rosquilla (del cuál hemos visto su componente teórico en el apartado práctico del capítulo anterior). La autora plantea la necesidad *«de alejarse de la economía para volver a ella»*, buscando cambiar los resultados. Dejar atrás las teorías arraigadas y poner por delante los objetivos de la humanidad a largo plazo para luego buscar el pensamiento económico que nos permita alcanzarlos. De alguna manera, este posicionamiento intelectual permite pensar las políticas públicas desde otra perspectiva. A partir de ahí, a Raworth —según describe en su ensayo— le surgió el diagrama de la rosquilla. Pensar en círculo es una invitación a dejar los manuales de lado, no para subestimar lo estudiado, investigado y escrito, sino todo lo contrario, para poner todo el conocimiento a trabajar en el logro de los mejores resultados a la hora de encarar las metas que necesitamos a fin de mejorar la calidad de vida. Por eso, en el centro está el ser humano, sus necesidades básicas, sin alterar los equilibrios naturales, cuidando el entorno.

Lo interesante de compartir estos principios y metodologías, que nutren y sustentan el desarrollo conceptual del modelo de la economía circular, es que muchas de estas alternativas para producir ya se están poniendo en marcha. Un proceso cuya implantación necesariamente será gradual, pero que no se tiene que detener, sino que, a la luz de las mencionadas crisis, debe acelerar su marcha.

Una alternativa no en contra, sino más allá del capitalismo. Hoy nadie debería poder discutir que imitar a la naturaleza para obtener beneficios sin contaminar, como lo demuestran las teorías expuestas, es un camino razonable con el objetivo de dejar atrás el modelo lineal de producción y consumo conocido hasta ahora.

Pero a pesar de estar tomando conciencia, todos hemos fomentado estos procesos, impulsados por un consumismo imperante, siguiendo la lógica de producir, extraer, gastar, consumir y desechar sin tener en cuenta las consecuencias y pensando que los recursos eran inagotables.

Lo que se pretende plantear es que no se trata de discutir si el capitalismo ha muerto o no, si hay que ir en contra de él, o bien si la economía circular viene a desbancarla, pues quedaríamos estancados en viejas categorías. Lo que sí sabemos es que la humanidad está siendo protagonista de un cambio en las reglas de juego de la economía, como destaca la trayectoria propuesta y la mayoría de los autores analizados.

Retomando el debate acerca de la vigencia del capitalismo como sistema dominante, con gran actualidad Mark Fisher, en su libro *Realismo capitalista. ¿No hay alternativa?*, retoma la frase de Fredric Jameson: «*Hoy parece más fácil imaginar el fin del mundo que el fin del capitalismo*». Y prosigue Fisher diciendo que, «*después de la caída del Muro de Berlín, el capitalismo logró erigirse como el único sistema político-económico viable; una situación que la crisis bancaria de 2008, lejos de poner fin, agravó*», una afirmación muy útil para definir en toda su dimensión lo complejo que es cambiar la mentalidad con unas prácticas tan arraigadas.

Sin embargo, la proliferación de desastres climáticos, primero, y la irrupción del coronavirus, después, aceleraron los cuestionamientos e hicieron factible una alternativa para la economía, antes de que termine el mundo tal cual lo conocemos, tomando la alegoría extrema de Jameson.

Capitalismo y economía circular, ¿Un sistema o un modelo? Continuando la discusión teórica, como hemos visto previamente, existe un sistema económico predominante en la actualidad, que es el mixto basado en el capitalista y por lo general los distintos modelos, como el lineal, se mueve más o menos cerca de sus premisas.

Conceptualizando, un modelo económico es la forma de interpretar ese sistema económico, de llevar adelante esa forma de hacer economía, de bajarlo a tierra. Un modelo es sectorial, específico, y un sistema es de índole general. Un sistema representa un todo y un modelo solo una parte, que no necesariamente abarque ese todo. El modelo imita la realidad, el sistema es una realidad.

Existe cierta discrepancia en ámbitos técnicos respecto de si la economía circular es un modelo o un sistema en sí mismo. Según mi opinión, daría la sensación de que habría alguna confusión respecto de si es un sistema en sí mismo o un modelo que utiliza herramientas sistémicas. Un modelo se basa la mayoría de las veces en un sistema, el que pareciera ser el caso. Demás está decir, que suele decirse que se concibe al lineal, como un modelo económico, por ende, por la negativa, su reemplazo es un 'modelo' circular.

Cabe agregar respecto de la utilización del concepto de «sistema», que el término suele utilizarse para englobar todo lo que hace a la economía, en relación con los otros sistemas social y ambiental, por ende, esa explicación no iría en dirección a la definición de economía circular como un sistema económico, sino de un subsistema (modelo) dentro de ése.

Una economía circular no debe ser más cara sino también debe dar ganancia. Volviendo a la senda de las cuestiones prácticas, celebro aquellos estudios que indican la predisposición de los consumidores a pagar más por productos sostenibles. Sin embargo, el gran desafío de la economía circular es hacer más con menos, y ello debe realizarse no solo no siendo más caro, sino incluso mejorando los costes.

Que aplicar la circularidad o bien ser sostenible es más caro es una de las falacias que han tomado difusión pública, un poco por desconocimiento —dijimos que el camino de la economía circular es una senda en desarrollo, tanto práctico como teórico—, como por una comunicación confusa tal vez promovida por algunos sectores interesados en seguir los modelos de negocios tradicionales. Sin duda habrá quienes quieran cobrar más por ello, pero será labor del consumidor impedirlo, tanto como lo es hoy aquellos que intentan promover cualidades que no poseen, lo que se denomina 'greenwashing' o lavado verde.

No puede desconocerse que el que obtenga beneficios de modelos lineales, si no recibe grandes presiones o cuestionamientos por parte de la regulación, ni de los consumidores, ni se ve amenazado por otras empresas, intentará prorrogar al máximo su modelo de 'business as usual', la forma tradicional de hacer los negocios.

Pero en el eje de la discusión, tal como intentaré explicar en los próximos puntos, una de las conclusiones es que puede cambiarse el modelo, puede cambiarse la forma de hacer economía, sin que tenga por qué ser más costosa ni dejar de brindar beneficio económico, además de social y ambiental.

O, dicho de otra forma: más caro es seguir haciendo lo mismo.

La diferencia entre precio y valor. En una concepción moderna del cinismo, alejada de sus orígenes como corriente filosófica, pero adelantada en el tiempo, el escritor irlandés Oscar Wilde pone en palabras de Lord Darlington hacia 1892 de que «*un cínico es un hombre que conoce el precio de todo y el valor de nada*».

Gracias a la presión del marketing, se operó directamente sobre nuestros deseos para aumentar las ventas. Esto derivó en un consumismo exacerbado, en el cual hemos llegado a creer que precio y valor son lo mismo. En el contexto de la percepción de la era de la abundancia, nos hemos creído también que podíamos consumir sin límite.

Warren Buffet, famoso inversor y financiero estadounidense, lo definió descarnadamente de esta forma: «*El precio es lo que pagas. El valor es lo que recibes*». En una concepción moderna, el precio refleja las preferencias de los consumidores y cuánto están dispuestos a pagar en dinero. Algunos de los elementos que se consideran para determinarlo son: costes de producción y de las materias primas, gastos generales, impuestos, competencia, demanda, entre otros. Por otra parte, una nueva dimensión que impacta cada vez más es el aspecto regulatorio.

Por su lado, el valor suele medirse más bien por cuestiones subjetivas como la utilidad. Una cosa tiene valor si alcanza un grado de cualidad que satisface las necesidades del cliente. Elementos que se consideran para determinar el valor son por ejemplo la calidad, el diseño, la imagen, la marca, la garantía, el servicio post venta, entre otros. Nadie estaría dispuesto a pagar un precio si no tiene ningún valor para él.

En un contexto de libre mercado, el precio se basa en la oferta y la demanda, por lo que este se ve muy influenciado por los costos de producción y los márgenes de beneficio de las empresas.

El modelo de economía lineal, a partir de los procesos examinados como la extracción, marketing (aunque poco se hable de él, es uno de los eslabones perdidos del porqué de la linealidad actual) y la producción masiva, permitieron precios cada vez más bajos a partir de no incluir todos los componentes de los costes. Si bien esta forma de hacer las cosas facilitó por un tiempo el acceso de grandes conjuntos de la sociedad al universo del consumo, han sido una fábrica de afectar el 'valor' de otros sin pagar por sus carencias u efectos negativos, como por ejemplo la contaminación, pero también la del cuidado de los derechos humanos y la calidad del trabajo.

Una crítica a la última fase de la globalización ha sido el desplazamiento del capital para la búsqueda de mano de obra más barata. Al igual que en el ejemplo anterior, esto permitió por un tiempo mejorar las condiciones económicas del nuevo destino, en este caso y por lo general en Asia, pero dejando de lado los impactos ambientales producto de la extracción de materiales o la logística necesaria para desplazar los productos. Hoy todo esto se vuelve contra el consumidor reduciendo su capacidad adquisitiva como consecuencia no solo de una coyuntura sino más bien de un importante componente de lo que se manifiesta como inflación estructural.

A esta situación en la que los costes o beneficios de producción o consumo de algún bien o servicio no se reflejan en su precio de mercado, la denominamos 'externalidad'. Si bien pueden ser positivas, en el caso de los asuntos ambientales, y por vía de las distintas formas de contaminación, tienen carácter de 'negativas', ya que los costes de las empresas no fueron iguales a los costes o los beneficios del conjunto de la sociedad. El no haberlos asumidos plenamente a tiempo, nos lleva hoy a considerar que, como diría Keynes, «*en economía, uno puede evadirse de todo, menos de las consecuencias*».

Mencionaba también el componente regulatorio, el cual ampliaremos más adelante, y del que por ahora solo indicaré que la nueva legislación que obliga a considerar en el precio componentes no tenidos en cuenta como los impuestos al carbono o a determinadas materias primas como el plástico, modificarán indefectiblemente los precios.

En virtud de las definiciones planteadas, la gran discusión en la sociedad es si seguimos pateando la pelota de las externalidades negativas para adelante o nos hacemos cargo de las consecuencias.

Retomando un optimismo sobre el ser humano que deje atrás la definición de cinismo de Wilde, en una nueva economía, el valor debería enfocarse en la calidad y las características del producto o servicio para el consumidor. Y esto sin prescindir de la ganancia, que lejos de ser un obstáculo, se transforma en condición necesaria, aunque desde ya no suficiente, para lograr la sostenibilidad.

Dos momentos de mejora circular, incremental y exponencial. En la búsqueda de generar nuevas alternativas para crear valor y evitar una interpretación mal informada de que una economía circular debe ser más cara, podemos implementar múltiples líneas de acción para reducir, o evitar aumentar costes.

Desde ya que si un emprendimiento nuevo, las opciones se multiplican. Pensar un producto desde cero permite planificar y concebir el diseño de modelos de negocios 'exponenciales' que permitan desbloquear todo el potencial innovador. Pero en este caso, quiero hacer hincapié en los que aún representan la mayoría, que son aquellos que ya existen, que provienen de la economía lineal y ya están en el mercado. Sin duda para este conjunto la adaptación puede ser más desafiante, pero no por ello menos redituable.

Una de las claves será hacerlos más eficientes, logrando mejoras incrementales. Podemos destacar aquí la posibilidad de hacer rediseños parciales, la incorporación de piezas remanufacturadas, la utilización de nuevos materiales que presenten menor escasez y menor impacto ambiental, el diseño de modelos de negocio que permitan mantener la propiedad, o la creación de un mercado de segunda mano, entre otras.

Por otro lado, y en mencionado escenario de fin de la era de la abundancia, con la ayuda de la I+D+i es factible la búsqueda de materiales alternativos, nuevos o sustitutos, con diversidad de fuentes y proveedores, que permita evitar las grandes subidas de precio o los desabastecimientos.

Tener en cuenta el ciclo de vida completo de los productos. Lo que es sostenible en un lugar, puede no serlo en otro. Nada más claro que con un ejemplo. La Organización de Consumidores y Usuarios (OCU) de España realizó un estudio sobre 96 tipos distintos de bolsas de la compra, teniendo en cuenta los impactos ambientales generados en todas las fases del ciclo de vida desde el origen de las materias primas, el proceso de la fabricación de la bolsa, el transporte, incluyendo el uso y su posterior reciclado. Y la sorpresa reveló, contra toda intuición, que el impacto ambiental de las bolsas de poliéster o de rafia es mucho menor, ya que otras como las de algodón o papel requieren muchos más usos o bien sus materiales no son lo suficientemente resistentes.

Por ello se vuelve relevante tener una visión cada vez más abarcativa, observar el ciclo de vida completo, intentando utilizar productos que garanticen su reinserción en el sistema productivo. Y tal como lo demuestra la nueva normativa europea, con su *Ley de debida diligencia en la cadena de suministro*, esto implica también tener en cuenta también los circuitos de aprovisionamiento de nuestros proveedores, en todo lo que hace a los derechos humanos y al *compliance*.

Por último, y si bien todo aquello que está en el futuro nos es desconocido y siempre es una apuesta, desde ya que adelantarse a los requerimientos del mercado, no deja de ser una vía potencial para mejorar el posicionamiento de una compañía y disminuir costes.

Pasar a la acción. En la introducción definimos a la economía circular como un nuevo modelo económico de producción y consumo que promueve el desarrollo y la creación de valor a partir del desacople de la utilización de recursos. Como herramienta para lograr la sostenibilidad, se presenta como instrumento para volver a un enfoque vital de la economía, centrado en el ser humano.

La opción no es cruzarse de brazos a esperar que ocurra de manera espontánea. No solo para seguir subsistiendo, sino para mejorar, es necesario asumir conscientemente el reto y tomar las riendas de nuestro destino. Necesitamos pasar a la acción, con medidas concretas, para lograr ese nuevo estadio virtuoso de la evolución humana.

Ideas del capítulo 2 en 280 caracteres

🔥 Conocer el recorrido de la historia del pensamiento económico, tanto como las nuevas visiones, nos permite razonar cómo volver a las fuentes y recuperar el enfoque vital de la economía.

🔥 Hacia la segunda parte del siglo XVIII, con el proceso conocido como la Revolución Industrial, comienza lo que podemos definir como la etapa moderna de la economía.

🔥 La Revolución Industrial representa el surgimiento del capitalismo como principal sistema económico.

🔥 La economía circular es una alternativa no en contra, sino más allá del capitalismo.

🔥 No debemos dar por sentada ni la libertad, ni la prosperidad.

🔥 La única alternativa para la economía es retomar la relación con la naturaleza como principal recurso.

🔥 La economía circular es un nuevo modelo económico de producción y consumo que promueve el desarrollo y la creación de valor a partir del desacople de la utilización de recursos.

🔥 La economía circular es una solución realista para humanizar la economía, inspirada en la naturaleza (SBN).

🔥 Una economía circular no debe ser más cara y debe dar ganancia.

🔥 Precio y valor no es lo mismo: desconocer la diferencia nos hace tomar decisiones equivocadas y pensar que implementar soluciones de economía circular debe ser más caro.

🔥 El precio refleja las preferencias de los consumidores y cuánto están dispuestos a pagar en dinero. Por su lado, el valor suele medirse más bien por cuestiones subjetivas como la utilidad. Una cosa tiene valor si alcanza un grado de cualidad que satisface las necesidades del cliente.

🔥 Debemos tener en cuenta el ciclo de vida completo de los productos: lo que es sostenible en un lugar, puede no serlo en otro.

Te invito a compartir tus ideas favoritas arrobándome

🔥 @luislehmann

El marco ReSOLVE. En todo su recorrido, mediante investigaciones, estudio de casos prácticos y entrevistas con expertos, la reconocida Fundación Ellen MacArthur, especializada en economía circular, ha identificado un conjunto de seis procesos que pueden adoptar las empresas y los Gobiernos para la transición a la economía circular:

Regenerate (regenerar),

Share (compartir),

Optimise (optimizar),

Loop (establecer bucles),

Virtualise (virtualizar) y

Exchange (intercambiar).

Aplicados de manera combinada, conforman el sencillo marco ReSOLVE, término compuesto por las siglas de las iniciales de las palabras inglesas.

Cada acción de las mencionadas refuerza el rendimiento de las demás y lo acelera, a la vez que se retroalimenta de las sinergias generadas por todo el conjunto.

El Marco 9R. Superando el archiconocido esquema de las 3 'erres', *reducir, reutilizar y reciclar,* que fue fundamental para difundir la necesidad de impulsar el reciclado a comienzos del 2000, esta propuesta adaptada al nuevo modelo define 9 estrategias 'R'. Se agrupan así en tres conjuntos de estrategias de circularidad, de las más a las menos valiosas. Luego se les da un orden de prioridad a las técnicas, basado en sus principios.

La primera estrategia es la fabricación y el uso de productos más inteligentes, lo que supone rechazar, repensar y reducir.

El segundo grupo de estrategias son las que alargan la vida útil de los productos y sus partes, con las siguientes estrategias R: reutilizar, reparar, renovar, y remanufacturar.

Finalmente, el tipo de estrategias menos deseables son las que intentan encontrar una aplicación de los materiales a través del reciclaje y la recuperación de energía.

Economía circular	Estrategias		
Aumentar la circularidad	Uso y fabricación de productos más inteligentes	**Rechazar**	Hacer que el producto sea redundante abandonando su función u ofrecer la misma función con un producto radicalmente diferente.
		Repensar	Hacer que el uso del producto sea más intensivo (por ejemplo compartiendo productos o colocando productos multifuncionales en el mercado).
		Reducir	Aumentar la eficiencia en la fabricación o en el uso del producto consumiendo menos recursos naturales y materiales
Regla de oro: Nivel de circularidad más alto = menores recursos naturales y menor presión ambiental	Extender la vida útil del producto y sus partes	**Reutilizar**	Reutilización por otro consumidor del producto descartado que aún se encuentra en buenas condiciones y cumple su función original.
		Reparar	Reparación y mantenimiento de un producto defectuoso para que pueda ser utilizado con su función original.
		Renovar	Restaurar un producto viejo y actualizarlo.
		Remanufacturar	Usar partes del producto descartado.
Economía lineal	Aplicación útil de los materiales	**Reciclar**	Procesar materiales para obtener la misma calidad (alto grado) o más baja calidad (bajo grado).
		Recuperar	Incineración de materiales con recuperación de energía.

Fuente: Basado en Rli (2015). Circular economy. From intention to implementation Council for the Environment and Infrastructure (Rli), The Hague.

Caja de herramientas: un universo circular. Con una mirada amplia, me gusta imaginar a la economía circular como un universo, con una galaxia que podría ser la Vía Láctea.

Con un punto de partida en el sector económico en el cuál queramos aplicar este modelo, del primero de los brazos helicoidales de esa constelación podemos elegir, por ejemplo, alguno de los sectores económicos de mayor relevancia, como podría ser el industrial, el agroalimentario, la construcción, el comercio, los servicios, el turismo o el que consideremos.

El segundo de sus brazos representa los recursos de los que disponemos, formando cada uno de ellos un sistema: agua, energía, suelo, materiales, logística, emisiones (fundamental considerarlas como un recurso si queremos cumplir con las metas respecto de la temperatura), y otros menos tangibles como el tiempo y el trabajo. Fíjese en la imagen 2 qué, de todo este conjunto, tan solo una estrella, dentro del sistema de los materiales, la representan los residuos. Un simple vistazo nos permite ver el potencial de oportunidades que tenemos al imaginar estrategias para optimizar el uso combinado de todos los recursos.

Conocer a los actores asegurará una interacción óptima: en el tercer eje, la sociedad, los gobiernos y las empresas suelen ser los principales, pero también son muy relevantes la academia y la investigación, el tercer sector y en ciertos casos, como en América Latina y África, la cooperación internacional.

Luego tenemos el brazo con los habilitadores, es decir, todas aquellas herramientas facilitadoras para la implantación de la economía circular que nos permita lograr los objetivos propuestos. Allí encontramos, entre otros (la lista puede ampliarse), conocimiento, tecnología, capacidad de innovación, diseño, financiamiento, investigación, voluntad política, normativa, métricas, certificación, organización, liderazgo y colaboración.

Finalmente, en el último agrupamiento, podemos elegir los modelos de negocios base que provee el nuevo paradigma, lo que nos permitirá bajar a tierra las ideas.

¿Y en el centro? ¿Cuál es la fuerza que mueve a los sistemas y planetas? Lejos de un agujero negro que todo lo devora y distorsiona el espacio-tiempo, en el corazón de esta propuesta, como en todo el planteamiento de una nueva economía de fines, deberá estar la concepción de garantizar los derechos de las personas al bienestar económico, ambiental y social. Es decir, ubicar al ser humano siempre en el centro.

Sectores
Industria
Agro-alimentario
Construcción
Comercio
Servicios
Turismo…

Recursos
Agua
Energía
Suelo
Materiales
Logística
Emisiones
Tiempo
Trabajo

Residuos

Modelos de negocios
Suministro circular
Residuo-recurso
Extensión vida útil
Plataformas compartidas
Servitización

Actores
Sociedad
Gobiernos
Empresas
Academia
Tercer sector
Cooperación
Internacional

Habilitadores
Conocimiento
Tecnología
Innovación
Diseño
Financiamiento
Investigación
Voluntad política
Normativa
Métricas
Certificación
Organización
Liderazgo
Colaboración

Imagen 2: Un universo circular. Elaboración propia.

El Marco de las 9R en acción

10 estrategias de economía circular para disminuir la dependencia de las materias primas[1]

Pandemias, aumento del costo de la energía, cambio climático, guerra... Nuevamente, la realidad nos interpela. En un contexto de inestabilidad geopolítica, hoy ser sostenibles adquiere una triple necesidad: no solo ser más eficientes en el cuidado de la naturaleza, sino también generar un ahorro en nuestros bolsillos y al mismo tiempo evitar un condicionamiento estratégico.

La economía circular propone una transición a un nuevo modelo de producción y consumo, en el cual el ser humano, como consumidor responsable, es su pilar. Orientando nuestras decisiones de compra, ejercemos un gran poder, a partir del cual podemos marcar la diferencia.

Para pasar a la acción, y basado en la estrategia multi «R» que se desarrollará en mayor profundidad en el próximo capítulo, propongo diez líneas de actuación de economía circular que podemos implementar como ciudadanos, en nuestro papel de usuarios y consumidores.

Repensar

Sin duda la dimensión más relevante. Reflexionar respecto de nuestra actitud frente a las circunstancias, reevaluar prioridades, reenfocarnos en nuestros valores personales, familiares y culturales, en nuestra relación con nuestro entorno y con la naturaleza, nos permitirá ejercer un mayor control de nuestras necesidades.

---

1   Inspirado en el artículo del autor «Estrategias de economía circular para disminuir la dependencia del gas ruso», publicado en el periódico *El Debate* de España.

Rechazar

Compramos mucho más de lo que necesitamos y usamos. En estos momentos tan particulares, es necesario reforzar la necesidad de evitar el consumo innecesario de bienes y servicios. En muchos casos, más allá de los productos básicos para la subsistencia, tendemos a consumir de más, de forma hedonista, solo para lograr una gratificación momentánea.

Un estudio basado en distintos países reveló que el 82% de la satisfacción de compra se evapora en el lapso de tres días. Específicamente, debemos intentar restringir o sustituir el consumo de productos que incluyan ingredientes escasos o faltantes, como pueden ser aceites de girasol, harinas, combustibles líquidos.

Por otro lado, de ser posible, debemos optar por productos de estación cuya elaboración sea de nivel local o regional, intentando priorizar al comercio zonal.

Reducir

Aquí podemos hoy marcar una gran diferencia, disminuyendo el consumo de petróleo y sus derivados. El 80% de la oferta energética aún procede de los fósiles. Debemos mantener, y redoblar el esfuerzo para lograr un objetivo cero emisiones en un futuro cercano.

Si Europa reduce al menos la temperatura en los edificios en un grado, se podría bajar la demanda de gas ruso hasta en un 7% este año, según indica la Agencia Internacional de Energía. No parece una medida irrealizable.

Reusar

Utilizar por el mayor tiempo posible los productos para no tener que recurrir a materias primas vírgenes, manteniendo sus propiedades originales sin generar residuos. Un ejemplo muy actual, por el alto nivel de contaminación de la industria textil, es darle un nuevo uso a nuestra indumentaria.

Podemos regalar, donar, generar prendas nuevas, y por qué no, también promover los mercados de segunda vida, comprando ropa usada y luego retroalimentando el circuito.

Reparar

Arreglar por ejemplo nuestros electrodomésticos en la mayoría de los casos es más conveniente en término de costo y consumo de materiales (queda aquí mucho por mejorar respecto de la disponibilidad de repuestos y mano de obra...).

Desde ya, conlleva una mayor dedicación e involucramiento (hay que encontrar el servicio técnico adecuado, esperar el presupuesto, que existan los reemplazos, etc.), pero puede contribuir a generar la provisión de nuevos servicios, por lo que es una potencial fuente de nuevos puestos de trabajo, muchos de ellos en el sector minorista y de cercanía.

También implica realizar un mantenimiento adecuado y preventivo, para intentar fomentar su utilización por más tiempo.

Reacondicionar, remanufacturar y reconvertir

También vinculadas a la extensión de la vida útil del producto y sus partes, estas técnicas nos permiten actualizar y restaurar bienes, o usar sus partes, tanto para el mismo uso, como para otro fin distinto.

Reciclar

Si bien no es la estrategia más deseable desde el punto de vista de una economía circular, en la cual debe priorizarse la ecoconcepción o un diseño circular que desde el comienzo de su ciclo de vida prevenga la generación de residuos, tampoco debemos desconocer que estamos en un proceso de transición en el cual la adaptación implica la coexistencia con sistemas preexistentes.

Por ello, la separación en origen para su posterior reciclado permitirá ahorrar energía, tanto en el tratamiento como en el transporte y generar nuevos empleos a partir del desarrollo de nichos de mercado poco desplegados.

Recuperar

Es también un gran desafío, que implica poner en acción e incrementar el conocimiento, ya que implica encontrar soluciones para los productos que actualmente no son reciclables.

Ante la imposibilidad técnica, la valorización energética con metodologías apropiadas puede permitir recuperar la energía contenida en los materiales y disminuir la dependencia fósil.

Y como 'bonus track', dos estrategias imprescindibles para generar el impacto deseado:

Reclamar

Si bien es condición necesaria, no alcanza con expresarnos como consumidores comprometidos. Es necesario ejercer también nuestra ciudadanía, promoviendo e impulsando una sociedad altruista y colaborativa, demandando empresas responsables y un Estado emprendedor, dinámico e inclusivo.

Resistir

No podemos dar por supuesta la libertad y la democracia. No alcanza con temer o lamentarse. Necesitamos tener un papel activo en proponer un cambio y al mismo tiempo defender los valores esenciales de nuestra forma de vida.

Ejercicio 2: ¿Cómo hacer clic hacia una nueva economía?

Toma unos minutos para la reflexión. A partir de las estrategias expuestas, elige un caso de un problema real para la economía, como por ejemplo el expuesto para las materias primas, y piensa cómo utilizarías estas herramientas para ese caso particular.

3

EL CAMBIO HACIA UNA SOCIEDAD CIRCULAR

EL *HOMO CIRCULARIS*, NUEVO PROTAGONISTA DE LA HISTORIA

«Aunque nada cambie, si yo cambio, todo cambia»

Marcel Proust

Volver a lo esencial. Es sencillo hablar con el diario del día después, pero si algo caracterizará al 2020 en los libros de historia, sin importar el lugar de residencia, es que fue el año que alteró los planes de todos.

Cada uno de los habitantes del planeta tendrá una historia para contar, una reflexión, un pensamiento en relación con la pandemia más allá de las preguntas existenciales, razonables ante un proceso de magnitud global que solo acostumbrábamos a ver en las películas y que sacudió los cimientos de lo que creíamos que era hasta entonces un camino tranquilo lleno de certidumbres.

Entre emergencias sanitarias, con el correr de los días y con la única certeza de lo impredecible, comenzaron a replicarse los problemas generados por la covid-19 y su impacto no solo en la salud, sino también en lo económico, social y cultural.

Uno de los aprendizajes que nos dejará lo acontecido es que la búsqueda de la ecuación ideal para realizar aquello que se considera necesario, oportuno o desafiante fue perdiendo sentido. Uno de los cuestionamientos que solemos hacernos habitualmente, tengamos mayor o menor sentido del riesgo, es si es el momento adecuado para enfrentarnos a algún desafío o llevar a cabo un proyecto que se cruce en nuestro camino. Situaciones como éstas ocurren cuando se presenta una oportunidad para invertir en un negocio, compartir una experiencia, formar una familia, comprar un pasaje para viajar, emprender o, simplemente, poner en común un pensamiento, por citar algunas decisiones de vida que nos encontramos los seres humanos cotidianamente.

Habiendo tomado ya un poco de distancia, no solo perdieron valor las viejas especulaciones, sino que la propia situación de la pandemia exigió encontrar estrategias para evitar la paralización y enfrentar la paradoja de continuar en movimiento, a pesar de que el mundo tal cual se lo conocía había modificado su marcha. A la fuerza para muchos, hubo que aprender a reinventar el vínculo entre contexto y oportunidad: frente a un escenario incierto, es necesario ver la forma de construir una nueva relación con nuestro entorno. Un ejercicio que, como individuos insertos en una comunidad cada vez más global, debemos llevar a cabo. Por ello, una de las conclusiones más destacadas que podemos obtener de la etapa, será hacer más notorio nuestro papel en el contexto de los marcos de referencia en los que nos desenvolvemos, que son ni más ni menos que aquellos en los que podemos influir.

Darse cuenta, por el presente y por el futuro. Ese nuevo punto de partida ha sido esa sensación de mayor incertidumbre que nunca, que visibilizó indefensión e impotencia, y para cuya salida fue necesario parar la pelota y 'repensar' toda la jugada. En algunos casos (éste ha sido el mío y ojalá que el de muchos más), esta situación dio paso a un 'darse cuenta', es decir, un proceso de toma de conciencia que indefectiblemente comienza con una visión de cuáles son realmente las cosas importantes (familia, amigos, metas, entorno, en qué ocupamos el tiempo, etc.).

Nuestro papel en el contexto de los marcos de referencia. A pesar de lo actual, este volver a lo esencial no es novedoso. Podemos considerarlo más bien un volver a los orígenes. Busquemos nuevamente el apoyo de los clásicos. Hierocles, filósofo del siglo II d.C., planteó la base del cosmopolitismo a partir de la visión de los 'círculos concéntricos'. En su razonamiento, describe los ámbitos de familiaridad de los individuos como si estuvieran formados por una serie de círculos consecutivos. En el primero, y por ende en el centro, se encuentra el individuo mismo a partir de la mente humana y su interacción con el cuerpo. Luego, la familia inmediata, padres e hijos, seguido por la familia más amplia, después la comunidad (que para nosotros puede estar representada por la ciudad), los pueblos vecinos, el país y, por último, toda la humanidad. Las relaciones entre las personas de un círculo y los otros estaban sustentadas por una suerte de 'empatía', entendida como una tarea del individuo de trasladar a las personas hacia los círculos internos, haciendo que todos los seres humanos fueran parte de nuestra preocupación.

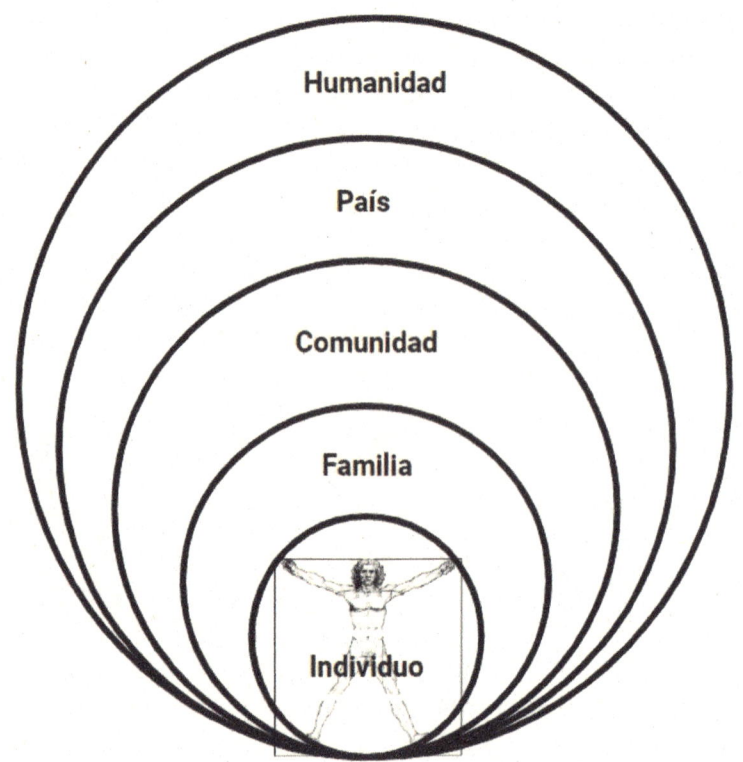

Imagen 3: Visión de los círculos concéntricos de Hierócles. Elaboración Propia.

De forma similar a lo manifestado en el inicio, cambia la economía y cambiarás el mundo, podremos ver cómo nuestras acciones, empezando primero por nuestro núcleo más cercano, pueden influir a partir del ejemplo e ir generando cada vez más impacto en nuestro medio. Un auténtico círculo de la compasión y cambio.

El ser humano empieza a cambiar para adaptar sus formas de producción y consumo. Sin duda, el camino del cambio es largo, y no sabemos aún si tendremos éxito. Sin embargo, la experiencia internacional nos muestra que las soluciones pueden llegar de la mano de las ideas, esperanzas y preocupaciones que están presentes en las nuevas generaciones, del apoyo estatal, de la adaptación de las empresas y, fundamentalmente, de la colaboración y las iniciativas compartidas entre todos los actores de la comunidad.

En esta dirección, el ecuatoriano Jaime Durán Barba, consultor político y profesor de The George Washington University, ya venía observando el surgimiento *«de un nuevo ser humano que trae consigo nuevas visiones del mundo, formas de propiedad, y relaciones con los objetos»*. A partir de aquí, es necesario comenzar a construir bases cada vez más sólidas para seguir un recorrido hacia el futuro imaginado partiendo de una nueva concepción menos utilitaria y más sostenible.

Si recurrimos a la filosofía aristotélica, el movimiento circular representa la perfección propia de los cuerpos celestes, mientras que el movimiento lineal es, por su propia naturaleza, algo terrenal, imperfecto. Aunque Aristóteles nunca aplicó este concepto a la esfera económica, las consecuencias de la covid-19 están demostrando en la práctica la imperfección y vulnerabilidad de los modelos lineales actuales también en este ámbito, según explican Mateo Grazzi y Simone Sasso en su informe *Economía circular e innovación verde, pilares para la recuperación y la resiliencia post covid-19* para el Banco Interamericano de Desarrollo (BID).

Esta perspectiva es la que retoma el concepto de economía circular y permite pensar en un nuevo ser humano. Es decir, lo que debe empezar a cambiar es la conciencia de la especie humana para adaptar sus formas de producción y consumo.

El puente hacia una sociedad sostenible conlleva transformaciones fundamentales en la manera en que ésta satisface sus necesidades. Y la aplicación de un enfoque de circularidad en el sistema económico dominante desempeña un papel catalizador de primera magnitud, porque es clave para reducir el consumo de recursos naturales.

Las nevas generaciones lideran el camino hacia la transformación. Un informe del Grupo Intergubernamental de Expertos sobre el Cambio Climático de Naciones Unidas (IPCC por su sigla en inglés), conformado por los expertos más prestigiosos, no deja lugar a interpretaciones: 2030 es la fecha límite de la humanidad para evitar un colapso ambiental. Las razones que explican este pronóstico son múltiples, pero lo más desafiante es saber si la aceleración de las distintas crisis permitirá dar paso a una nueva era.

En una mirada optimista, puede considerarse que es la sociedad, y sobre todo la juventud, la que puede superar a la inacción y empezar a modificar esta realidad que nos incomoda. «*A diferencia de otras generaciones, como los 'millennials', que miraban el mundo con escepticismo, la generación Z considera que cambiar es posible, urgente y necesario, y que son protagonistas de ese camino hacia la transformación*», según se indica una encuesta de Ipsos de 2019, que también muestra algunos resultados reveladores, aunque no siempre se atiende a ellos en toda su dimensión por parte de los adultos y de las autoridades encargadas de tomar decisiones.

La realidad, respetando todo análisis, no se trata de presagios o recetas, sino de lo que queremos que pase. Si queremos que cambie, tenemos que estar dispuestos a ello. Y aquí es donde podemos situar la verdadera oportunidad que tenemos por delante.

Una distribución dispar de ingresos impulsa cambios de consumo. Como venimos mencionando, es importante tener en cuenta el impacto de las transformaciones económicas y sociales que ha experimentado la humanidad durante las últimas décadas, y sus consecuencias, que han recaído, fundamentalmente, sobre las nuevas generaciones. Estudios y crónicas establecen que la crisis de 2008, la explosión de internet y la revolución digital son las causas de que los *centenials* sean más eficientes en cuanto a recursos y se enfoquen en un consumo más responsable.

La velocidad de estos cambios ha impactado fuertemente en el nivel de ingresos. Un fenómeno relevante es la distribución dispar de los ingresos entre las personas mayores y las más jóvenes. En Estados Unidos, por citar un caso, el 85% de la riqueza es propiedad de mayores de cuarenta y cinco años. Esto genera un escenario donde los más jóvenes no pueden comprar viviendas y retrasan proyectos personales como casarse o tener hijos. En el Reino Unido, por ejemplo, hoy hay más personas con veinte o treinta años que viven con sus padres que en cualquier otro momento desde 1940.

Escenarios como éste, lejos de generar un desinterés de las nuevas generaciones para su desempeño económico, impulsan un cambio de patrones de consumo que produce la transformación de los modelos de negocio. Como veremos con mayor detalle más adelante, el uso y el disfrute de los bienes, por el tiempo en el que efectivamente se utilizarán, toman mayor relevancia sobre la propiedad o la posesión, permitiendo adaptar esos ingresos menores a costes menores. La adaptación es entonces, una manera de intentar equilibrar el tanteador con la economía senior, detentadora del capital.

¿Es el cuarto cerebro la matriz biológica del cambio? Por su lado, la neurociencia, disciplina que se centra en el estudio del cerebro y su impacto en el comportamiento y las funciones cognitivas (del pensamiento), plantea que los jóvenes desarrollan con más fluidez operaciones mentales que posibilitan que podamos elegir, planificar y tomar decisiones voluntarias y conscientes.

Daría la apariencia que la generación Z ya viene de la cuna con otro mindset, otro conjunto de herramientas mentales. En los primeros años del siglo, la doctora, científica y escritora Michelle Fourtune (publicada por Marie Pré en 2004) descubrió que los niños de hoy tienen sus lóbulos frontales sobreactivados. Son los nacidos a partir de 1994 quienes cuentan con un mayor desarrollo en lo que Fourtune denomina 'cuarto cerebro', que sería el que permite realizar la planificación consistente de un conjunto de actividades interrelacionadas y coordinadas para la protección del ser humano y su medio ambiente.

Según esta investigación, retomada por el consultor político español Antonio Solá, el nuevo cerebro descubierto desempeña también una función de relevancia social: se supone que las personas que lo poseen tienen una empatía sobresaliente. Solá explica que «*hay generaciones más jóvenes, de entre dieciocho y veinticinco años, que ya votan, que comprenden el mundo de otra manera, ven la política de otra manera, viven sus relaciones de manera muy diferente, y su comprensión de lo que está pasando es totalmente distinta. Esas generaciones ayudan a formar a los más viejos, a los que no entendemos*» según afirmó en una conferencia de 2020 recuperada por CompoLider.

Esta mirada sostiene con fundamentos científicos que los más jóvenes, que nacen con la tecnología y las pantallas incorporadas, cuentan con una especie de supraconciencia, son más holísticos, colaborativos, altruistas, solidarios y cooperativos. Aquí retomo la relación con la escasez: el no poder acceder a la propiedad de los bienes no es visto por éstos como un impedimento, ni tampoco inhibe el deseo de uso. Y es ahí donde coincide con la nueva tendencia de la economía. En esa dirección, lo biológico, lo tecnológico y la carencia de capital reorientan las tendencias de consumo, retroalimentando la circularidad.

Sin caer en una visión empobrecedora o ascética, lo interesante de esta mirada es que esa carencia podría asimilarse como un valor positivo para promover cambios en los modelos de negocio. Lo que antes hubiera sido un problema hoy puede ser una oportunidad. Se redescubre así el valor del uso responsable, con una mayor predisposición a cooperar con los demás, ahorrar recursos escasos y al mismo tiempo ser amigables con el ambiente.

Parar la pelota y anticipar la jugada. Cuando se habla de utopías y cambios de mentalidad, una referencia pertinente que puede ayudarnos a pensar la reactivación económica desde una perspectiva circular y sostenible, en el horizonte de lo posible y lo deseable, es el deporte. Tanto la medicina como la psicología deportiva han dado importantes pasos en el estudio de la mente y han ganado terreno en cuanto a la preparación de los atletas. Los especialistas mencionan la posibilidad de trabajar la mente para imaginar escenarios deportivos posibles y, de esa manera, anticipar respuestas y entrenarlas, así como recurrir a la motivación para lograr los objetivos cuando las posibilidades no siempre son las mejores. No olvidemos que, si la mente lo ve, el cuerpo está más cerca de conseguirlo. Ésta es la base del método de visualización usado en el entrenamiento de los atletas. Un diseño mental a medida que permite mejorar la técnica, planificar posibles estrategias de afrontamiento, poner a punto la confianza y ayudar en la recuperación de lesiones. *«El cerebro no distingue entre practicarlo y visualizarlo al detalle, cuanto más sentidos pongas en ellos más profundo es el proceso que se implante y la huella que deja»* afirma la psicóloga especializada Yolanda Cuevas en su blog.

Sin pretender forzar el análisis, es valioso reflexionar sobre cómo funcionan la mente y la motivación para alcanzar resultados deportivos positivos e inclusive superar adversidades o condicionantes que, *a priori*, parecían obstáculos imposibles. Extrapolándolo al escenario mundial actual, aquellos que promueven el paso a modelos alternativos de producción y consumo pueden equipararse a los deportistas *amateur* intentando alcanzar lo más alto del podio.

La adversidad es mucha, y los modelos con los que nos enfrentamos llevan muchísimos años funcionando, como parte de un *statu quo* que se resiste a las transformaciones. Sin embargo, el cambio de mentalidad de muchos ya ha empezado a generar movimientos positivos. Y, retomando lo que decíamos de las utopías, existen sectores sociales, políticos y económicos que ya están convencidos y demuestran con sus experiencias que es posible parar la pelota y vivir mejor. Esto es lo que está ocurriendo con la economía circular, cuyo protagonista es el ser humano —en su evolución hacia el *Homo circularis*—, el cual va forjando una huella.

Las personas no siempre tomamos decisiones racionales. Siguiendo con el estudio de la mente y en consecuencia de las acciones humanas, la mencionada escuela clásica del capítulo 2 postuló como unidad de análisis su propio ser humano, el '*Homo economicus*', que es aquel que tiende a consumir ponderando estrictamente su interés individual.

El economista estadounidense Richard Thaler cuestiona la racionalidad de la que parte ese análisis económico tradicional. Proclama que muchas veces la gente es, simplemente, irracional. De esta forma, nace una economía del comportamiento o conductual que logra unir la psicología con la economía. La idea parte de que las personas no siempre toman decisiones racionales, sino que utilizan atajos mentales y sesgos cognitivos en lugar de la lógica pura y la información completa. El término fue acuñado junto al profesor de derecho, también de origen estadounidense, Cass Sunstein en su libro *Un pequeño empujón. El impulso que necesitas para tomar mejores decisiones sobre salud, dinero y felicidad*. De acuerdo con los autores, es posible influir en sus decisiones mediante técnicas específicas y de manera ética para mejorar los resultados. Por ejemplo, mediante el uso de empujoncitos (*nudges* en el idioma inglés original) es posible influir en las decisiones de las personas respetando su libertad de elección.

Estos estudios, que le valieron a Thaler el Premio Nobel de Economía en 2017, nos llevan a pensar que existen huecos o espacios en el quehacer de los consumidores que rompen con la lógica lineal de los procesos económicos. Se observan así, decisiones autónomas de los seres humanos que pueden configurar a un hombre consustanciado con el cambio hacia un modelo circular u *Homo circularis,* y que hacen posible pensar en acciones colectivas superadoras de la mirada individual.

El Homo *circularis*, una evolución consciente. Desde esta perspectiva, y complementando lo señalado anteriormente —podemos pensar en la idea de los jóvenes con sus lóbulos frontales activados—, un nuevo ser humano evoluciona del *Homo sapiens* que muy bien define el profesor israelí *Yuval Harari* en su libro *Sapiens*, que vive del mito y el relato. En relación con el cambio de época, se dejaría atrás también la idea del *Homo economicus*, ya que sus viejas categorías o sesgos no alcanzan para comprender los nuevos fenómenos.

Surge entonces el *Homo circularis,* más predispuesto a lo colectivo y menos individualista, que es responsable de sus acciones y se hace cargo de las consecuencias de sus actos. Que utiliza, pero no se obnubila frente a las soluciones mágicas de la tecnología, como el *Homo Deus*, conforme a lo que señala Harari en su obra homónima de 2016. Siguiendo esta dirección evolutiva, es necesario concebir una nueva humanidad consciente y comprometida, que pasa a la acción, aprovechando las facilidades que brinda la tecnología.

¿Por qué digo lo que digo? Sin duda, hay un contexto determinado, una historia, una memoria afectiva y momentos de ruptura donde cambian los paradigmas. Se trata de pensar en el poder de la mente humana para cambiar e imaginar nuevos escenarios, como ocurre en el deporte, a fin de superar adversidades. Otro ser humano es posible o, mejor dicho, el ser humano está reconfigurando su manera de vincularse con el mundo y provocando con ello una profunda transformación.

El momento es ahora. Como hemos visto, la economía atraviesa los vínculos sociales, modifica el horizonte permanentemente y el desafío de la época es redireccionarla hacia un nuevo objetivo.

Sin percibirlo acabadamente, o por lo menos fuera del radar de muchos, nos encontramos transitando hacia otra etapa, una suerte de inédito período evolutivo. Se presenta el desafío y la oportunidad de reflexionar sobre la necesidad de un nuevo ser humano. El tiempo histórico marca las horas de una especie y un mundo que están evolucionando gracias a la tecnología, a las advertencias climáticas, pero también por la economía. El protagonista de esta nueva era, de una sociedad circular, es el *Homo circularis*, un ser humano que deja atrás al *Homo economicus* definido por la escuela de la economía clásica de *Adam Smith*.

Este nuevo actor, fruto por primera vez en la historia de una evolución consciente, surge para demandar una sociedad más sostenible, altruista y colaborativa, con empresas más responsables y con un Estado que sin renunciar al progreso, asuma un papel emprendedor, dinámico e inclusivo. Se trata de un ser humano y de una comunidad que se adapta a un nuevo tiempo y que aprovecha las oportunidades del cambio.

Un nuevo ciudadano hacia la sociedad circular. La premisa de este capítulo es despejar la maleza para observar el derrotero de la economía circular y su paulatina implantación, colocando en el centro al ser humano, que como *Homo circularis*, es el nuevo protagonista del cambio hacia una sociedad circular. Y no es casual esta determinación. Existe un nuevo ciudadano preocupado por los temas globales y que se presenta dispuesto a optar por productos más amigables con el medio ambiente. Ya hay por lo menos dos generaciones cooperando en este sentido, sobre todo los más jóvenes, que tienen otra mentalidad.

En próximos apartados, y no en contradicción, sino complementarios a los cambios en la sociedad, se analizarán con más detenimiento el papel de las políticas públicas y de las empresas en la institucionalización de las tendencias y transformaciones de la época.

Partiendo de una visión amigable de los negocios, la búsqueda de la rentabilidad y el cuidado del ambiente, y con el *Homo circularis* como nuevo modelo del comportamiento humano, basado en el compromiso y el esfuerzo, se podrá continuar progresando.

Ideas del capítulo 3 en 280 caracteres

- La pausa obligada por las cuarentenas permitió a muchos un «darse cuenta», es decir, un proceso de toma de conciencia respecto de cuáles son realmente las cosas importantes.

- La crisis pandémica nos dio algo de tiempo para parar la pelota y reflexionar sobre nuestro papel en el contexto de nuestros marcos de referencia, familia, amigos, metas, en qué ocupamos el tiempo, entorno, entre otros.

- La pospandemia nos brinda la oportunidad de volver a lo esencial y ver cómo nuestras acciones, empezando por nuestro núcleo más cercano, pueden a partir del ejemplo ir generando cada vez más impacto a nuestro alrededor.

- ¿Quién cambia primero? El ser humano empieza a cambiar para adaptar sus formas de producción y consumo. Y con ello transforma a la sociedad, las empresas y al Estado.

- Las nuevas generaciones lideran el camino de la transformación, y en particular la generación Z considera que cambiar es posible, urgente y necesario.

- En el proceso de cambio en la sociedad, emerge el Homo circularis. Por primera vez en la historia, una evolución consciente, a partir de la voluntad.

⚑ El *Homo circularis*, un ser humano consciente y altruista, responsable con el ambiente, deja atrás al *Homo economicus* definido por la escuela de la economía clásica de Adam Smith, que basaba sus decisiones considerando su propia función de utilidad personal.

⚑ Partiendo de una visión amigable con los negocios, la búsqueda de la rentabilidad y el cuidado del ambiente, y con el *Homo circularis* como nuevo modelo del comportamiento humano, basado en el compromiso y el esfuerzo, se podrá continuar progresando.

Te invito a compartir tus ideas favoritas arrobándome

⚑ @luislehmann

Apartado práctico del capítulo 2

Imposible resistirse al cambio

Desde su punto de vista, el budismo también apuntala la idea de que cambiar es posible, pero más que nada, siempre es oportuno y posible.

La impermanencia es uno de sus principios fundamentales. Según sus enseñas, todo en la existencia humana es efímero y está sujeto a un cambio constante.

El maestro budista *Thich Nhat Hanh* explicaba la impermanencia de la siguiente manera: "Nada dura para siempre. Ésta es la naturaleza de las cosas. La vida es como un río, siempre cambiante. Aceptar la impermanencia es aceptar la vida tal como es". Dicho así, resistirse al cambio es inútil e incluso puede causar sufrimiento.

Thich Nhat Hanh también enfatizó esta idea: "Resistirnos al cambio es como nadar contra la corriente. Es mucho más fácil y efectivo ir con la corriente y aceptar la naturaleza cambiante de la vida". Aprender a abrazar la impermanencia en lugar de resistirnos a ella puede liberarnos del sufrimiento y permitirnos vivir plenamente en el momento presente.

Ejercicio 3: Autotest: ¿Soy un Homo circularis?

Luego del recorrido propuesto, el cambio cultural para lograr modelos económicos sostenibles del que venimos hablando es sin duda colectivo y colaborativo, pero parte de la convicción de que es necesario un cambio personal. El cambio comienza en mí y yo contagio a la sociedad, a las empresas y al Estado. Por ello 'Cambia la economía y cambiarás el mundo'. Yo cambio y cambio el mundo.

Tómate unos minutos para la reflexión. Te propongo el siguiente autotest para reflexionar respecto de nuestras conductas como manera de evaluar lo que estamos (o no) haciendo en relación con los hábitos que provoquen ese cambio cultural y, en particular, con acciones concretas que promuevan una economía circular.

1. En la vida cotidiana:

— ¿Qué haces con lo que desechas?

— ¿Realizas alguna acción proactiva con los residuos?

— ¿Separas los residuos?, ¿en cuántas categorías?

— ¿Respetas los horarios para sacar los residuos?

— ¿Compostas?

— ¿Cuántas R aplicas?

2. En relación con el consumo:

— ¿Te preguntas si realmente necesitas lo que vas a comprar?

— ¿Te consideras un consumidor responsable?

— ¿Haces compras por necesidad o por impulso?

— ¿Utilizas ropa u otros productos de segunda mano?

— De existir las alternativas, ¿prefieres reparar o comprar nuevo?

— ¿Tiras, donas o vendes tus artículos en desuso?

— ¿Reutilizas elementos cuyos materiales son complejos para reciclar?

— ¿Pagarías un poco más para consumir productos sostenibles?

— ¿Utilizas artículos descartables o de un solo uso?

— ¿Compras en tiendas sin envases?

3. En relación con el uso de energía:

— ¿Usas artefactos eléctricos con responsabilidad?

— ¿Te has vinculado a alguna experiencia de consumo de energías renovables?

— De poder elegir, ¿pagarías más por acceder a energía renovable?

— ¿Tu hogar cuenta con medidas de ecoeficiencia?

4. En relación con el uso del agua:

— ¿Usas el agua con responsabilidad?

— ¿Lavas los platos dejando correr el agua?

— ¿Reparas rápidamente las pérdidas?

— ¿Recuperas el agua de lluvia o las aguas grises?

5. En relación con el transporte:

— ¿Tienes vehículo particular?, ¿lo utilizas todos los días?, ¿para trabajar o para otro fin? ¿Cuentas con alternativas?

— ¿Usas bicicleta?

— ¿Caminas?

— ¿Compartirías automóvil con vecinos?

— ¿De necesitar un vehículo, optas por uno eléctrico?

6. En las empresas o emprendimientos y en relación con el proceso productivo:

— ¿Regula tu empresa desde el origen el tratamiento de los residuos que genera la actividad?

— Dentro del modelo productivo, ¿se tiene en cuenta el uso racional de los recursos?

— ¿Reciben capacitación los trabajadores sobre modelos productivos alternativos?

7. En la Administración pública. Si eres parte del funcionariado con responsabilidad en la toma de decisiones:

— ¿Conoces alguna iniciativa sostenible en el organismo en el que te desempeñas o participas en alguna?

— ¿Tienes en cuenta lo que puedes hacer para generar en la comunidad hábitos sostenibles?

— ¿Crees que es solo un tema que incumbe a las áreas de medio ambiente?

— ¿Has pensado qué podrías hacer desde tu área para aportar en este sentido?

— ¿Promueves las compras sostenibles?

8. En relación con la tecnología:

— ¿Utilizas aplicaciones para disminuir tus consumos?

— ¿Usas sitios para el intercambio de productos o servicios?

4

EL ESTADO CIRCULAR:
POLÍTICAS PÚBLICAS IMPULSANDO LA TRANSFORMACIÓN

«Lo que es bueno para la colmena, es bueno para la abeja»
Marco Aurelio

El aporte de las políticas públicas. Gracias a los aportes de distintos sectores de la comunidad (científicos, organizaciones de la sociedad civil, referentes intelectuales, académicos, políticos y de la economía) para explicar los distintos procesos que llevaron hasta este fin de la era de la abundancia percibida y sus consecuencias, es que se ha extendido el conocimiento acerca del problema y sus múltiples impactos.

Sin embargo, una mayor conciencia en relación con los efectos presentes y futuros de los acontecimientos no necesariamente genera cambios inmediatos en los hábitos de los consumidores, las definiciones empresariales ni mucho menos las decisiones políticas.

Los estudios neurocientíficos nos pueden aportan una explicación para entender este fenómeno que manifiesta que no siempre la evidencia puede modificar una creencia. En 1957, el psicólogo social León Festinger propone el concepto de disonancia cognitiva dado que «las personas tienden a mantener coherencia y consistencia entre las acciones y los pensamientos. Cuando no es el caso, las personas experimentan un estado de disonancia cognitiva».

Un ejemplo que suele ser muy claro de este comportamiento es lo que ocurre con las imágenes que por ley deben formar parte del diseño de los paquetes de cigarrillos. Aun sabiendo que el tabaco es perjudicial para la salud, muchas personas siguen fumando. Seguramente ningún fumador quiere infligirse un daño, pero adapta sus pensamientos a su conducta, a pesar de ir contra el cuidado de su salud. Albert Bandura propuso casi medio siglo después la teoría de la desvinculación moral para justificar los comportamientos a pesar de la disonancia cognitiva. Es decir, hay una segunda operación cerebral donde no solo se produce una separación entre los hechos y nuestros actos, sino también una desactivación del sentimiento de culpa.

Recurrir nuevamente a la neurociencia permite dimensionar lo dificultoso de la tarea de generar cambios culturales profundos que permitan lograr un nuevo modo de vincularnos con el mundo, más si no conocemos nuestra forma de ser y cómo estos comportamientos también se proyectan a las instituciones.

Solo con reconocer o evidenciar el problema no alcanza. En lugar de ofrecer una visión alarmista y extrema, es preferible centrarse en todo lo que es posible hacer a través de metodologías alternativas como la economía circular, e intentar promover el cambio. Y en ese camino de lo posible, los gobiernos, a través de sus políticas públicas, tienen mucho para aportar.

Una tríada de oportunidades y recompensas. En esta línea se ha avanzado mucho en los últimos tiempos y, así como señalamos la importancia de la demanda social para que estas transformaciones incrementen su relevancia en la agenda pública, es fundamental un involucramiento mayor de los gobiernos. *«Por suerte el mundo de hoy ha cambiado bastante los dos últimos años. Hay más sensibilización ambiental tanto en el mundo empresarial, en la administración, en la ciudadanía»*, expresa el exdirector de la Agencia de Residuos de Catalunya, Josep María Tost i Borràs. El actual consultor catalán da un paso más en un intento de romper los moldes para reconocer la evidencia y pasar a la acción en los países donde estos cambios se dan con mucha más lentitud. *«Si todo está tan claro* —dice Tost en relación con el impacto positivo de la economía circular—, *¿cómo avanzar? ¿Cómo implantarla? Mi experiencia es simple, si hay voluntad política se avanza; si no, no».*

La primera conclusión a la que se puede arribar, la visión que motivó la publicación de este libro es que cada vez es más relevante para el desarrollo de nuestras ciudades, países y regiones tomar en serio los modelos circulares. No solo porque debemos hacerlo (por el futuro de la humanidad), sino porque somos capaces (tenemos las herramientas) y, fundamentalmente, porque es beneficioso para todos. Esta tríada de oportunidades y recompensas tiene que ser la que impulse definitivamente el cambio cultural.

El papel del Estado en el progreso de las sociedades. Mucho se ha escrito y debatido a lo largo de la historia de las ciencias políticas acerca de cuál es el papel que debe desempeñar el Estado en el progreso de las sociedades. Discusiones que se actualizan y que, muchas veces, terminan por tirar por la borda los esfuerzos que distintos sectores hacen por vivir mejor. Una mayor intervención del Estado no significa necesariamente despilfarro o ineficiencia, ni su presencia en determinados procesos garantiza, por sí sola, soluciones exitosas.

Es necesario a esta altura precisar los conceptos. Entendemos por Estado a la organización política compuesta al menos por una población, un territorio y un gobierno, que cuenta con el ejercicio de la soberanía y autodeterminación y mantiene relaciones con otros Estados.

Por su parte, un Gobierno es el conjunto de individuos e instituciones que ejercen el poder público, la administración y representación del Estado por un determinado plazo de tiempo.

Finalmente, las políticas públicas son las acciones emprendidas por ese Gobierno con el objetivo de satisfacer determinadas necesidades de la sociedad y, a partir de ellas, interviene de muchas formas en el desarrollo social y económico, afectando a todos los individuos y todos los aspectos de la vida económica.

La corrección de los fallos del mercado. El Estado interviene en la economía de muchas formas. Según los teóricos, se justifica su intervención en los casos en los que el mercado no es capaz por sí solo de sostener un adecuado funcionamiento, ni de resolver los problemas causados por él mismo. Influye en los impuestos, gasto público y numerosas regulaciones.

Las funciones del Estado se pueden expresar por lo tanto en cuatro niveles de acción:

- Proveer bienes públicos: el Estado invierte en bienes y servicios económicos para distribuir la riqueza o distribuir bienes que de otra manera no serían producidos, como por ejemplo la defensa nacional, seguridad, transporte.

- Brindar una estructura legal para el funcionamiento del sector privado: los gobiernos crean y velan por la aplicación de leyes que proporcionan la estructura necesaria para el correcto funcionamiento de los mercados.

- Promover la estabilidad: el Estado a través de sus políticas macroeconómicas puede moderar los ciclos económicos.

- Elaborar y aplicar regulaciones: paliar las ineficiencias económicas que afectan principalmente a los consumidores, a partir de intentar corregir las fallas de los mercados como la falta de información incompleta, competencia imperfecta o las externalidades negativas que vimos anteriormente.

Como vemos, sus acciones abarcan a todos los individuos y aspectos de la actividad económica, impactando directamente en el modo de organización de la vida en sociedad.

El mercado que tenemos tiene que ver con lo que hace el Estado. Dando un paso más en la consideración de la función de las políticas públicas en el desarrollo de una nación, la economista Mariana Mazzucato, alejada de cualquier dicotomía entre Estado y mercado, afirma que el tipo de mercado que tenemos tiene que ver con lo que hace el Estado. «*Los privados invierten donde hay oportunidades y es el Estado el que debe crear esas oportunidades*», explicaba en una conferencia brindada en Buenos Aires junto al Ministerio de Ciencia y Tecnología e Innovación. Según esta concepción, las políticas públicas, articuladas mediante una agenda construida colectivamente, pueden ser sinónimo de calidad, creatividad e innovación. Como bien señala la economista, «*la construcción de una economía inclusiva y sostenible depende de la cooperación productiva entre los sectores público y privado y la sociedad civil*». Esto que plantea Mazzucato no es algo nuevo, sino que ya ha ocurrido con distintas inversiones en materia de tecnología y salud, donde el Estado cumplió un papel inicial esencial para grandes desarrollos tecnológicos que luego inundaron los mercados y cambiaron nuestras vidas de la mano de grandes empresas.

En este sentido, se han escuchado debates en torno a si es posible estimular la creatividad e impulsar la cultura de la innovación en un contexto como el actual, cuando la humanidad necesita una agenda sostenible. La respuesta es que sí, y la política tiene mucho que decir al respecto. «*La asistencia del Gobierno a las empresas debe tener menos que ver con subsidios, garantías y rescates, y más con la creación de asociaciones. Esto significa imponer condiciones estrictas a los rescates corporativos para garantizar que el dinero de los contribuyentes se utilice de forma productiva y genere valor público a largo plazo, no beneficios privados a corto plazo*», señala la economista en otro de sus artículos.

Superar la dicotomía entre promotores y detractores de lo público. Es importante reconocer, para lograr un diagnóstico adecuado, que la fragilidad del sector privado —de las empresas, y más concretamente de los segmentos *micro*, pequeño y mediano— tiene que ver con un problema anterior al coronavirus y la guerra en Ucrania: el agotamiento del modelo de la economía lineal.

¿Cuál debería ser la función del Estado en la transición hacia una nueva economía? Sin duda, un papel muy importante, pero no excluyente. El sector privado también debe reinventarse, y no cometer errores que ya lo habían llevado al límite de las posibilidades de producción y consumo.

Como hemos visto, se está dando ese paulatino cambio de paradigma dentro del propio sector empresarial, un dato que es muy importante resaltar, ya que es vital para la consolidación de la transición en marcha. Generar ganancias, respetar el medio ambiente y promover beneficios sociales ya no solo lo proclaman los defensores de la ecología o del mundo académico, y eso permite abrazar una ilusión.

La premisa de la que se parte es superar la dicotomía entre promotores y detractores de lo público. Se trata de poner el foco en los problemas del sector privado para desarrollarse, generar empleo y riqueza, y ver cómo el Estado puede colaborar en estos procesos de apertura de nuevas oportunidades y mercados.

Redireccionar el desarrollo para lograr una economía sostenible. Además de corregir y encauzar, las políticas públicas tienen el potencial de direccionar o redireccionar el desarrollo hacia aquellos sectores que permitan lograr una economía ecológica y sostenible. Al respecto, Mazzucato expresa lo siguiente:

«*Debido a que los mercados no liderarán una revolución verde por sí solos, la política gubernamental debe orientarlos en esa dirección. Esto requerirá un estado emprendedor que innove, asuma riesgos e invierta junto con el sector privado. Por lo tanto, los responsables de la formulación de políticas deben rediseñar los contratos de adquisición para alejarse de las inversiones de bajo costo de los proveedores establecidos y crear mecanismos que atraigan la innovación de múltiples actores para lograr los objetivos ecológicos públicos».*

La contratación circular es una herramienta innovadora para la compra de bienes y servicios que busca promover la economía circular. En lugar de simplemente comprar productos y desecharlos al final de su vida útil, este enfoque se centra en Extender la vida útil de los productos, reducir el consumo de recursos y evitar la generación de residuos.

En este mismo orden de ideas, *«las iniciativas públicas pueden destacar o relevar ámbitos específicos del desarrollo productivo, fomentar e incentivar investigación, generar condiciones para negocios que impacten favorablemente el medio ambiente»,* según menciona el informe de la Fundación Konrad Adenauer *Economía circular y políticas públicas,* elaborado por Carlos Trinidad Alvarado y Daniela Soberón Garreta.

Estados Unidos y China están apoyando la revolución tecnológica y, de la misma manera, el Pacto Verde Europeo lanzado por la Unión Europea actúa como motor y brújula con su fondo de recuperación de 750.000 millones de euros. Otras iniciativas que pueden destacarse son la de Nueva Zelanda, que ha elaborado un presupuesto basado en métricas de bienestar, en lugar del PIB, para alinear el gasto público con objetivos más amplios, o la de Escocia, que ha creado un Banco Nacional de Inversiones para apoyar al sector privado y «cumplir con desafíos económicos y medioambientales clave», según explicó el día del anuncio la ex primera ministra del Gobierno escocés, Nicola Sturgeon.

Las condiciones habilitadoras para una nueva economía. Siguiendo con el camino planteado, los Gobiernos tienen el potencial de generar condiciones sistémicas favorables, o habilitadoras, que faciliten la implantación de nuevos modelos de negocios. Yendo a la práctica concreta, para que la reutilización de materiales y una productividad mayor de recursos se conviertan en algo común, los mecanismos del mercado deberán desempeñar un papel central, con el apoyo de políticas públicas, instituciones de enseñanza y líderes de opinión.

Esas condiciones facilitadoras, tal como se indica en las recomendaciones de la Fundación Ellen MacArthur, son las siguientes: colaboración; reformulación de incentivos; establecimiento de reglas ambientales e internacionales adecuadas, liderazgo por el ejemplo, provocando un aumento rápido de la reutilización de los materiales y la productividad, y acceso a financiamiento.

En sintonía, el mencionado Tost i Borràs explica las claves para que se desarrolle cualquier iniciativa, del tipo que sea: 1) liderazgo y voluntad política —el tema tiene que estar en la agenda política—; 2) legislación —con mecanismos fiscales de incentivo y punitivos— y planificación —sin objetivos concretos no hay avances—; 3) presupuesto —sin plata, solo son palabras—, y 4) herramientas para ejecutar las políticas previstas, controlarlas e impulsarlas.

Siguiendo esta dirección, las políticas públicas pueden definir estrategias para impulsar la circularidad generando consensos y acuerdos que se plasmen en normativas y se traduzcan en incentivos a través de instrumentos económicos.

Las funciones de los responsables políticos. La Fundación Ellen MacArthur indica que los responsables políticos tienen cuatro funciones clave que cumplir: 1) establecer una dirección común de viaje: una recuperación resiliente con la economía circular; 2) permitir una economía circular; 3) desbloquear las oportunidades de inversión circular para cumplir con las prioridades públicas clave, y 4) fomentar la colaboración para obtener soluciones.

En esta dirección, es donde se vuelve imperioso retomar la mirada de Mazzucato:

> *«Los mercados solos, por ejemplo, no abordarán el cambio climático o la desigualdad. Los estados deben aprovechar estos problemas perversos como oportunidades para establecer misiones audaces y ambiciosas hacia las cuales las políticas, sectores y financiamiento están orientados a cumplir», expresa, además de plantear con insistencia que «el Estado tiene un papel empresarial clave para jugar formando mercados y diseñando políticas que creen valor público».*

Como se señalaba al principio, esta mirada permite pensar en el Estado como un actor que no solo subsidia, sino que se involucra con los resultados de los incentivos que se pongan en marcha. Es decir, *«un verdadero enfoque orientado a las misiones (haciendo referencia a desafíos como el que llevó al hombre a la luna) significa no estar limitado por las finanzas, sino más bien adoptar nuevos métodos de presupuesto basados en resultados. Las misiones pueden crear nuevos mercados y efectos indirectos dinámicos en las economías, oportunidades que pueden pagarse muchas veces».*

Europa como líder en un escenario global disruptivo. En lo que respecta al desafiante escenario global y a las respuestas que se están intentando dar al cambio climático y la degradación del medio ambiente, la Unión Europea ha puesto en marcha una estrategia que constituye una hoja de ruta para el resto del mundo.

La propuesta que acordaron los países de la UE es avanzar hacia una economía moderna, eficiente en el uso de los recursos, competitiva y que, fundamentalmente, permita movilizar toda la región. No se trata solo de una declaración de principios, sino que tiene metas concretas, como dejar de producir emisiones netas de gases de efecto invernadero para 2050, un crecimiento económico disociado del uso de recursos y que no haya personas ni lugares que se queden atrás (la mencionada transición justa). *«El Pacto Verde Europeo es nuestra hoja de ruta para dotar a la UE de una economía sostenible»*, señala la Comisión Europea (CE) al referirse al acuerdo que tiene como objetivos centrales impulsar un uso eficiente de los recursos mediante el paso a una economía limpia y circular, y restaurar la biodiversidad y reducir la contaminación.

Si bien el movimiento de las nuevas regulaciones empieza por Europa, no se limita solo a los países europeos. Sus implicancias tienen un impacto mundial importante, ya que esas reglas de juego deberán cumplirlas todos aquellos que quieran comerciar con el bloque. Este es un profundo llamado de atención para los Gobiernos de países menos desarrollados y su capacidad de adaptación al cambio, ya que la grieta entre Estados también aumenta, y puede elevar los niveles de desigualdad si no se llevan a cabo acciones proactivas a tiempo. Más aún cuando las tendencias transformadoras descritas, aceleradas por la pandemia, encontraron literalmente a medio mundo fuera de los parámetros que describiéramos para la cuarta revolución industrial, lo que vuelve más notoria la disparidad de oportunidades. Este es un dato significativo, porque los planes gubernamentales que se venían gestando deberán incluir un fuerte componente social.

También hay grandes avances en otras regiones. Cruzando el océano Atlántico, y a pesar de lo que pudieran ser las acciones del presidente Trump en su primer mandato, Estados Unidos —que es un país mucho más federal de lo que solemos reconocer—, sus estados, ciudades y empresas están liderando también procesos de cambios acelerados hacia la descarbonización del planeta. Nueva York, por ejemplo, ha firmado una alianza con la Fundación Ellen McArthur para implantar la economía circular en la industria textil y ha elaborado normativas tendientes a no emplear plásticos de un solo uso. En relación con este último punto, la red del Pacto de los Plásticos se extendió a Estados Unidos con metas concretas para 2025, sumándose a otros pactos nacionales, como el del Reino Unido, Francia, Chile, los Países Bajos, Sudáfrica y Portugal. En la misma dirección, tal como muestran los informes sobre iniciativas circulares, las empresas de Austin (Texas) se toman cada vez más en serio la sostenibilidad, apoyadas también por el desarrollo de iniciativas emprendedoras y los talentos que se están formando en sus universidades.

En la cuenta de las novedades que generan expectativas positivas, podemos destacar el éxito de la gestión de Biden al aprobar un paquete normativo denominado *Inflation reduction act* (Ley de Reducción de la Inflación). La misma pretende movilizar u$d 500.000 millones en subsidios para la energía limpia y la industria verde para la próxima década.

Estas tendencias son una prueba de que «la mano invisible del mercado se está volviendo verde», como dijo Matthias Berninger, vicepresidente sénior de Asuntos Públicos y Sostenibilidad de Bayer AG. Otro caso para destacar es el del estado de California, que prohibió la venta de vehículos que utilicen combustibles fósiles a partir del 2035.

En la misma dirección, si bien están en otro estadio y aún continúa siendo uno de los países más contaminantes del mundo, China también ha cambiado su postura en relación con la crisis climática. Tanto por las consecuencias climáticas en casa (inundaciones y contaminación, entre otras), como por la demanda de los consumidores, la nación asiática, siempre influyente y con negocios que tienen presencia en todos los continentes, ha demostrado tener muy claro cuál es el camino. Durante su intervención en la 75 Asamblea General de la ONU, Xi Jinping, presidente de la República Popular China, anunció que el país aumentará sus contribuciones nacionales para alcanzar la neutralidad de carbono antes de 2060, avanzando de esta manera en la misma sintonía que los europeos, que marcaron el camino con el Pacto Verde:

> «Esta pandemia nos enseña que la humanidad necesita una revolución a sí misma para propiciar modos ecológicos para la vida y el desarrollo y la construcción de la civilización ecológica y la Tierra hermosa. Los seres humanos no podemos seguir ignorando las repetidas advertencias de la naturaleza, ni obstinarse en seguir el camino obsoleto de procurar solo el desarrollo y explotar la naturaleza, sin prestar atención a la protección y la restauración del medio ambiente».

España también se suma a la circularidad. Haciendo foco en España, este país ha puesto en marcha la estrategia España Circular 2030, de la que destaca la política fiscal y sus instrumentos como medios eficientes y eficaces para alcanzar los objetivos ambientales. En este sentido, desde la perspectiva ecológica, se considera que gravar la contaminación, el uso excesivo de recursos o la mala gestión de los residuos no debería redundar únicamente en ingresos públicos, sino reinvertirlos en la protección y restauración del medio ambiente, e incentivar conductas favorables en cuanto al uso de recursos, la generación de residuos y su tratamiento.

Igualmente, se propuso promover medidas fiscales adecuadas destinadas a la mejora de la eficiencia en el uso de los materiales, la prevención de la generación de residuos y la promoción de productos preparados para la reutilización o con un mejor comportamiento ambiental en lo que respecta a la economía circular, de forma que para el año 2030 se alcancen los objetivos de esta estrategia.

Por su lado, también las comunidades autónomas y las ciudades están trabajando sostenidamente con innovaciones y mucho dinamismo. Hay múltiples experiencias que vale la pena señalar porque están centradas en la capacidad del Estado para impulsar industrias que fomentan el desarrollo económico y generan menor contaminación con los principios circulares.

La disrupción es clara, algo ya ha cambiado. Es la hora de expandir el concepto de economía circular con la misión de que se traduzca en experiencias concretas. En Europa, pero también en otras regiones, están multiplicándose las acciones transformadoras, y otras latitudes pueden seguir el mismo camino.

La necesidad de la innovación normativa en economía circular. A pesar del largo recorrido conceptual que hemos analizado, la economía circular tiene todavía un importante camino a recorrer en su incorporación a la agenda legislativa. La creación de normativa es fundamental ya que permite establecer reglas claras para todos los jugadores y crear mercados a partir de fomentar inversiones.

Según distintos estudios, como por ejemplo *Situación y evolución de la economía circular en España* de la Fundación Cotec de 2021 o el *Informe general de recomendaciones Proyecto economía circular España* de diversas organizaciones y liderado por Accenture de 2022, multiplicidad de actores destacan que las barreras de tipo normativas son aquellas que más obstaculizan la implantación de una economía circular.

Las normas no deben suponer un freno a esta nueva forma de consumir y de producir, más sostenible e inclusiva, a la que inevitablemente estamos abocados. Por el contrario, la legislación debe ser un medio facilitador para que esta transición se realice de una manera ordenada, eficaz, sin dejar a nadie atrás y sin quiebra de la seguridad jurídica. Más aún, la regulación debe ser lo suficientemente ágil para aprovechar las oportunidades que los constantes avances tecnológicos y una sociedad más concienciada demandan.

La transición hacia una economía circular comienza a percibirse como una necesidad cada vez más urgente para evitar el fin de la era de la abundancia. El deterioro del medio ambiente, el encarecimiento de la energía, la escasez de materias primas o el calentamiento global, entre otras cuestiones, constituyen ya una parte relevante del debate social, político, académico y empresarial, por lo que procede exigir al formulador de políticas una mayor producción legislativa al respecto.

Convengamos que por lo general la legislación es poco dada a 'innovaciones', pues está sometida, como no puede ser de otra manera, a sus procedimientos, ámbitos y alcance competencial. Debemos entender esta innovación entonces como la manera en la que nuestra legislación se va adaptando y, eventualmente anticipando, a las necesidades de nuestra sociedad en materia de sostenibilidad. En este sentido, podemos observar que la normativa está por lo general centrada en el desarrollo sostenible, el reciclaje, el ahorro y la eficiencia energética y/o el cambio climático, todos ellos conceptos intrínsecamente ligados a una concepción amplia de la economía circular. Afortunadamente, es cada vez más frecuente encontrar que aluden a ésta como nuevo modelo de producción y consumo y con una visión más amplia que agrupe a todas las anteriores con un enfoque holístico y transversal.

Pasar de una condición de 'fin de residuo' a una de 'fin de recurso'. Como vemos, la normativa es imprescindible para crear mercados y definir reglas de juego. Sin embargo, para algunas cadenas de valor hay términos que en algún momento fueron importantes para regular la actividad, pero que hoy se transforman en obstáculos. Un ejemplo es el caso del concepto de *fin de residuo*, definición incorporada por la normativa de residuos europea en el año 2008, cuya excesiva burocratización terminó frenando su aplicación. Esto se ha hecho particularmente en el marco de aquellos desechos generados en los procesos de construcción y demolición, tal como demuestra el trabajo de final de máster *Innovación Normativa para la Economía Circular*, del Máster Liderazgo e Innovación en Economía Circular de la Universidad Politécnica de Madrid. En sus conclusiones, recomiendan redefinir el concepto de residuo en las distintas corrientes, tanto que para la cadena de valor de los residuos de construcción y demolición se debe legislar para que en vez de 'fin de condición de residuo' se deba declarar el 'fin de condición de recurso', lo que simplificaría el proceso considerando el material primero como recurso antes que como residuo.

Hacia una política fiscal circular. Vimos previamente la importancia del Estado para crear regulaciones y generar condiciones habilitadoras. Sin duda, para pensar en cómo generar flujos positivos en los términos planteados, destinados a aprovechar el potencial del sector y al mismo tiempo detener las pérdidas, se debe poner la atención también en las cuentas pendientes, como, por ejemplo, las barreras fiscales.

Se requieren marcos jurídicos con reglas claras. En este sentido, el informe *Circular Revenue Models*, elaborado por la empresa holandesa *Cooper8* que forma parte de las recomendaciones de la Unión Europea, analiza los cambios que deben llevarse a cabo para un desarrollo económico sostenible. Allí se han observado al menos cuatro barreras fiscales para la masificación de los modelos circulares (esta lista no es exhaustiva, pero aparecen las más llamativas con respecto a los incentivos financieros encontrados en los principales emprendimientos circulares en los Países Bajos):

- Los estándares comunes de depreciación en la contabilidad incentivan a las organizaciones a considerar que el valor de un producto está disminuyendo rápidamente hacia cero y, por lo tanto, estimulan un modelo lineal.

- El impuesto sobre el valor añadido (IVA) favorece el modelo de ventas tradicional frente al modelo de compra-alquiler.

- El IVA actualmente no favorece los productos y materiales usados frente a los nuevos.

- La evaluación financiera común favorece los modelos económicos lineales frente a los modelos económicos circulares.

Otras barreras se relacionan con el acceso a la financiación, legislación sobre residuos y gravámenes a la mano de obra, en lugar de gravar los recursos, los que no se relacionan directamente con el modelo de ingresos de las empresas.

Un impuesto a los plásticos. Uno de mis maestros, el urbanista catalán Jordi Borja, suele afirmar que *«aquello que no genera polémica, es porque no le interesa a nadie»*. Por ello, y más allá de su oportunidad en un contexto de coyuntura económica adversa, una incorporación normativa la representa la legislación que promueve la puesta en marcha en España de un *Impuesto sobre Envases de plástico no reutilizables*. El mismo es un tributo de naturaleza indirecta que recae sobre la utilización de envases no reutilizables que contengan plástico.

Queda aún un largo camino por recorrer para lograr una política impositiva que fomente la circularidad. No podemos terminar este punto sin mencionar el trabajo de Sergio Sánchez Sanz para el Instituto de Estudios Fiscales de España, *Instrumentos fiscales para una economía circular en España*, para todo aquel que quiera profundizar en tan importante materia. Allí se identifican veinticinco instrumentos, entre los que destacan el pago por generación, los impuestos al vertido y las modulaciones del IVA con criterios ambientales.

Los 'empujoncitos' como política pública hacia la circularidad. Retomo el concepto de empujoncitos de Sunstein y Thaler, para describir otra herramienta que puede ser muy útil para impulsar políticas públicas innovadoras. Como vimos, en lo relacionado a la economía (y muchas otras cosas más) no siempre tomamos decisiones racionales, sino que utilizamos atajos mentales y sesgos cognitivos. Para motivar decisiones, se puede recurrir a los empujoncitos (o *nudges*), que son pequeñas intervenciones diseñadas para influir en el comportamiento humano de una manera sutil y no invasiva, sin recurrir a la obligación legal o a los incentivos económicos. En el contexto ambiental, por ejemplo, los empujoncitos pueden ser efectivos para mejorar la gestión de residuos y promover una economía circular.

Aquí hay algunas maneras en las que se pueden implementar acciones para lograr estos objetivos:

- *Señalización clara*: La señalización clara y fácil de entender es un empujoncito efectivo para guiar a las personas hacia comportamientos más sostenibles. Esto incluye etiquetas en productos y contenedores de reciclaje que expliquen qué materiales deben ser allí dispuestos y cómo deben ser clasificados.

- *Opciones predeterminadas*: Establecer por default elecciones sostenibles como la opción de reciclaje o la selección de productos con empaques reciclables puede ser un empujoncito eficaz para influir en los comportamientos de los consumidores.

- *Gamificación*: La aplicación de un enfoque creativo que utiliza elementos lúdicos puede motivar los comportamientos deseados. Por ejemplo, se puede crear un juego que recompense a las personas por separar correctamente sus residuos o por elegir productos sostenibles.

- *Comunicación social*: La utilización de medios de comunicación y redes sociales es una forma poderosa de influir en los comportamientos humanos. Por ejemplo, se pueden publicar estadísticas o historias sobre la importancia de la gestión de residuos y la economía circular para motivar a las personas a tomar acción.

- *Accesibilidad:* Asegurarse de que los contenedores de reciclaje y los puntos de recolección de residuos estén en lugares de acceso llano y sean fáciles de usar son empujoncitos efectivos para motivar a las personas a separar residuos y mejorar la calidad del material.

La institución pública de referencia de los empujoncitos es la Unidad Nudge del Reino Unido (*Behavioral Insights Team* en su idioma original). Es una pequeña oficina creada en 2010 que ha producido enormes efectos, como acelerar ingresos tributarios en $ 70 millones al mes, persuadir a 96 000 británicos adicionales al año para que se registren como donantes de órganos, mejorar la asistencia a universidades de educación de adultos y aumentar la diversidad racial en la fuerza policial, todo con un presupuesto reducido.

SDDR: Cómo los 'empujoncitos' pueden impulsar el reciclaje efectivo. La implementación de los Sistemas de Depósito, Devolución y Retorno (SDDR) en España, programada para 2025, representa un cambio fundamental en la gestión de residuos y la promoción de la economía circular. Este modelo, que incentiva la devolución de envases puede potenciarse mediante recompensas tangibles.

Un ejemplo exitoso de esta combinación entre *nudges* y tecnología se encuentra en las máquinas biorrecicladoras de Lealtad Verde, una iniciativa que recompensa a los usuarios que devuelven envases. Estas máquinas, como la instalada en el Mercado de la Paz del barrio de Salamanca en Madrid, ofrecen incentivos concretos, como descuentos o beneficios locales, convirtiendo un acto ecológico en una acción gratificante y atractiva. Este enfoque aprovecha un principio clave de los *nudges*: hacer que la opción sostenible sea la más sencilla y provechosa para el ciudadano.

El impacto positivo de este tipo de estrategias radica en su capacidad para cambiar hábitos a largo plazo. Al crear un vínculo directo entre la acción de devolver residuos y una recompensa inmediata, se refuerza positivamente la conducta deseada. Además, la ubicación de las máquinas en espacios céntricos y frecuentados facilita su uso, eliminando barreras como la falta de accesibilidad o información.

Estos son solo algunos ejemplos de cómo se pueden implementar *nudges* para mejorar el comportamiento ambiental y promover una economía circular. Con un enfoque creativo y un diseño cuidadoso, los empujoncitos pueden ser una herramienta muy valiosa para lograr un futuro más sostenible.

El Estado circular debe desempeñar un papel proactivo. Como una nueva forma de ver, pensar y hacer la economía, es imprescindible promover nuevas regulaciones y brindar las herramientas necesarias para su puesta en marcha. Se trata de que los Gobiernos tomen la iniciativa promoviendo legislación innovadora y diseñando planes ambiciosos que incluyan la adopción de importantes medidas fiscales para reactivar la inversión pública y privada y orientarla hacia la senda de la sostenibilidad, a la vez que prioricen la generación de empleo, reduzcan la inequidad y apoyen la transición hacia la descarbonización de la economía.

Estos temas tienen hoy más relevancia que nunca. Que el Estado desempeñe un papel proactivo, emprendedor, dinámico e inclusivo, que sin detener el desarrollo impulse una transición hacia un modelo económico sostenible ya no es opción: es imprescindible.

Ideas del capítulo 4 en 280 caracteres

- El Estado de la nueva economía es aquel que sin detener el desarrollo asuma un papel emprendedor, dinámico e inclusivo.

- Para implantar una economía circular, es imprescindible la voluntad política. Si no, no se avanza.

- El Estado moderno cumple diversas funciones económicas en la sociedad actual, entre ellas, la corrección de los «fallos» de mercado, como las externalidades negativas (contaminación).

- De igual manera, el Estado tiene el potencial de redireccionar el desarrollo para lograr una economía sostenible, a partir de facilitar condiciones habilitadoras.

- La responsabilidad de adaptarse y promover el cambio recae en los formuladores de políticas, que deben generar normativa innovadora, que remueva obstáculos, actualice conceptos, cree mercados y formalice reglas de juego.

- Europa lidera los cambios normativos relacionados con la sostenibilidad, pero se avanza en todas las regiones.

- Una política fiscal circular es imprescindible para realizar cambios en el modelo de producción y consumo. También se requieren de nuevos instrumentos para promover inversiones sostenibles.

- Los *nudges* o empujoncitos son herramientas de políticas públicas para reorientar las decisiones individuales y pueden ser de mucha utilidad para promover un consumidor responsable, pilar de una economía circular

Te invito a compartir tus ideas favoritas arrobándome
- @luislehmann

Apartado práctico del capítulo 4

Estrategias a nivel estatal para lograr una economía circular

En 2016, Finlandia elaboró una hoja de ruta nacional orientada hacia una economía circular bajo el liderazgo del Finnish Innovation Fund Sitra, convirtiéndose así en el primer país del mundo en hacerlo. Para ello, se creó una plataforma desde la cual lanzar iniciativas de economía circular en todo el país. Al mismo tiempo garantizó la posibilidad de que los ciudadanos cuenten con un entendimiento compartido y tengan acceso a las herramientas para coordinar la transición. El resultado fue una combinación de estrategia, propósito y plan de acción. En la propuesta, se hace un fuerte énfasis en la colaboración público-privada y, dado que Finlandia es un país pequeño, no solo está orientado a responsables políticos, sino también a los municipios, empresas y ciudadanos.

Beneficios de una hoja de ruta para la economía circular

- Crea una mentalidad compartida sobre un camino hacia un futuro sostenible.
- Ofrece una forma de involucrar a las partes interesadas clave.
- Crea un camino de los planes a la acción, con una propiedad clara.
- Allana el camino para la resiliencia y una economía más sostenible.
- Ayuda a alcanzar los ODS.
- Proporciona una herramienta para lograr los objetivos climáticos.
- Inspirar a otros a involucrarse en la transición.

El proceso de la hoja de ruta de la economía circular en pocas palabras

1. Trabajo de campo y condiciones previas

Definir condiciones previas, crear un plan de proyecto para el proceso, definir los roles del equipo y asegurar de que haya suficientes recursos disponibles.

2. Participación de las partes interesadas

Identificar actores clave y asegurar de que estén comprometidos con el proceso. Formar un grupo de dirección e identificar las necesidades de otros grupos de trabajo.

3. El cuadro de situación

Profundizar el conocimiento sobre el estado actual de la economía circular en el país.

4. Visión y metas

Crear una visión inspiradora para la hoja de ruta y establecer metas específicas y medibles.

5. Áreas de enfoque

Definir las áreas de enfoque en función de la visión y los objetivos estratégicos. Definir indicadores que ayuden a medir la transición a una economía circular.

6. Planificar las acciones

Planificar las acciones que conduzcan a los objetivos de la hoja de ruta. En el mejor de los casos, la hoja de ruta es una combinación de estrategia y plan de acción tangible.

7. Compilación y difusión

Empezar a compilar la hoja de ruta. Solicitar comentarios de las partes interesadas. Comunicarse para inspirar a otros a iniciar sus propias acciones para promover la economía circular.

8. Ejecución e implementación

Definir el modelo de gestión de la hoja de ruta y asegurar el compromiso de los grupos de interés para garantizar una implementación sólida. Recordar comunicar y difundir.

9. Evaluación y revisión

Evaluar proyectos en curso, explorar acciones complementarias y decidir actualizaciones. ¡Sin olvidar asegurar el máximo impacto!

Lecciones clave de la creación de una hoja de ruta nacional

1. Cree la hoja de ruta desde la perspectiva de su país.
2. La cooperación es el punto de partida y un requisito para el progreso.
3. Asegúrese de que la hoja de ruta equilibre la acción con la flexibilidad.
4. Forme una imagen de la situación.
5. La hoja de ruta debe ser ágil para seguir siendo relevante.
6. Medir el éxito, supervisar el desarrollo y establecer etapas para el viaje.
7. Invertir en la ejecución.

Traducido y adaptado de «Cómo crear una hoja de ruta nacional de economía circular, una guía para hacer que las cosas sucedan», de Järvinen, L. y Sinervo, R. para SITRA.

Ejercicio 4: ¿Tu país cuenta con una hoja de ruta o plan de economía circular?

LTómate unos minutos para la búsqueda de información y la reflexión. Investiga en internet.

Si tu país tiene un plan, ¿emanan de él acciones concretas? ¿Existe financiación destinada a tal efecto? ¿Existe normativa a nivel nacional? ¿Cuenta el mismo con herramientas de participación e involucramiento?

Si no tiene un plan, ¿qué pasos seguirías para lograrlo? ¿Cuáles piensas que deberían ser sus ejes estratégicos? ¿Y los principales actores a involucrarse?

5

LA POTENCIA LOCAL

CIUDADES CIRCULARES PARA CAMBIAR LA ECONOMÍA

«¿Qué es la ciudad sino su gente?»
Shakespeare

Ciudades, parte del problema y punto de partida para la solución. Según datos del Programa de Medio Ambiente de la Naciones Unidas, las ciudades son responsables del consumo de 75% de los recursos naturales, 66% de la energía producida y 54% de los materiales del mundo, y se espera que para 2050 consuman el 80% de los alimentos disponibles. Adicionalmente, emiten entre el 50% y el 80% de los gases de efecto invernadero globales y generan la mitad de los residuos sólidos del planeta (UNEP, 2017).

A pesar de estos datos, como motores principales del desarrollo económico, los territorios urbanos son cruciales para impulsar la agenda de la economía circular, ya que en ellos se produce una alta concentración de recursos, capital, datos y talento, repartidos en un área geográfica relativamente pequeña. Al mismo tiempo, suelen ser los centros de innovación.

Debido a estas concentraciones, que promueven las condiciones para producir economías de escala, las ciudades también están en una posición única para respaldar ciertos modelos comerciales circulares, como modelos compartidos, sistemas de reutilización o modelos de producto como servicio.

Sin duda es aquí donde se juega el futuro y donde se verá si el fin de la era de la abundancia detiene el progreso o nos guía a una nueva prosperidad. Vistas de esta manera, y en toda su complejidad, las ciudades son parte del problema y, lo más esperanzador, pueden ser punto de partida para la solución.

¿Qué es una ciudad circular? Así como no existe una única definición de 'ciudad', mucho menos podemos esperar una definición unívoca de qué puede ser un espacio urbano 'circular'. Continuando la visión general de este trabajo, una 'ciudad circular' sería aquella cuyo modelo de desarrollo impulsa los principios de la economía circular y promueve una ciudadanía sostenible e en toda su área de influencia, con el objetivo de maximizar el potencial de los recursos y eliminando las externalidades negativas de su accionar económico. Con esa meta, debe formar a ciudadanos como consumidores responsables, y fomentar la armonía del ser humano con su entorno social, económico y ambiental.

Ciudades para prosperar y no solo para sobrevivir. Como podemos comprobar, el modelo lineal es tan poco eficiente que, por ejemplo, es mucho más sencillo arrojar los residuos a la basura. La economía circular en el entorno local abre conversaciones acerca de qué podemos hacer con esos desechos —plásticos, madera, metales— que descartamos de manera inconsciente y criminal, y casi resolverlo generando un negocio y oportunidades de empleo.

De hecho, sabiendo de antemano que determinados productos no van a poder recuperarse, hasta se puede pensar en programar su próximo uso y quién será el encargado de llevar a cabo ese proceso. Esto ya está ocurriendo con el tratamiento de los plásticos. La clave de estos próximos años será tener la claridad y el conocimiento para localizar los problemas y darles solución, de lo local a lo global, y no al revés. Y es que *«necesitamos ciudades más sostenibles, resilientes, seguras y justas que garanticen nuestras fuentes de riqueza principales: la salud, el empleo y la naturaleza. Ciudades para prosperar y no solo para sobrevivir»*, como manifiesta con el mismo espíritu Mariajo Caballero, referente de Greenpeace, en un artículo publicado por el diario digital *El Mercurio*, de Chile.

La economía circular puede ayudar a abordar tendencias insostenibles y encontrar soluciones adecuadas. En particular, son las ciudades y los Gobiernos quienes tienen un papel que desempeñar en el cierre de los circuitos, la reducción del desperdicio, la reutilización de recursos y la restauración de ecosistemas, junto con el establecimiento de medidas de recuperación a largo plazo para conseguir sociedades más resistentes, sostenibles y prósperas.

Las ciudades circulares y la oportunidad local. Vayamos un escalón más abajo o, mejor dicho, más cerca. La perspectiva de lo regional a lo local o de lo local a lo regional traza un eje más que interesante para pensar en propuestas concretas a fin de implantar una economía circular, volviendo así a poner en el centro a la ciudadanía. Desde ya, muchos de los cambios en marcha irán necesariamente de la mano de una mayor demanda social. De abajo a arriba, se irán formando los entramados que posibiliten la aplicabilidad de planes y proyectos, los cuales tienen en lo local un ámbito más factible para su desarrollo.

La experiencia internacional y la mirada de los especialistas muestran un camino donde este trabajo conjunto tiene en el ámbito local una posibilidad de abordaje concreto, donde Estado, empresas y sociedad pueden generar sinergias con mayor facilidad. Es decir, transformaciones que se dan con mayor solidez de abajo hacia arriba.

Ejes de acción de los gobiernos locales. Si pensamos entonces en un abordaje territorial como el presentado en el párrafo anterior, sin duda los Estados locales, como articuladores de las necesidades y las demandas ciudadanas, adquieren un papel preponderante.

Podemos destacar al menos tres ejes en los que se pueden estructurar las posibles acciones de los gobiernos locales como facilitadores de la economía circular. El primero tiene que ver con la propia implantación del modelo en la Administración pública. En segundo lugar, se encuentran todas las acciones que pueden impulsar las comunidades como promotoras de la producción circular, incorporando las prácticas en el tejido económico local, diseñando plataformas e incentivando proyectos mediante convocatorias y financiamiento. Y, en tercer lugar, está la tarea de fomentar la economía circular desde el consumo, algo que se lleva a cabo fundamentalmente a través de la educación en el consumo responsable y sensibilización de la ciudadanía.

En general, ciudades de toda Europa han establecido llamamientos y marcos de acción para la economía circular que abrieron la senda. En ese recorrido, podemos citar el Pacto de los Alcaldes por el Clima y la Energía, y el Llamamiento a las Ciudades Europeas en Favor de una Economía Circular, firmados uno en 2008 y otro en 2015 en París. Ambos pactos fueron las primeras iniciativas internacionales en las que participaron autoridades locales y regionales para asumir un compromiso a favor de la economía circular y la sostenibilidad ambiental, lo que destaca la importancia que tiene la implicación de los Gobiernos locales en este proceso. Posteriormente, y derivado del Plan de Acción de Economía Circular, se sumó la *Iniciativa de Ciudades y Regiones Circulares* (CCRI), para asistir a los gobiernos locales en la transición.

En el caso de España, en marzo de 2017 se firmó la *Declaración de Sevilla: El Compromiso de las Ciudades por la Economía Circular*. Este hecho supone un hito fundamental, respaldado por más de un centenar de autoridades locales españolas y de otros países europeos, que sienta las bases para que las ciudades y municipios caminen en la transición hacia una economía circular. *«Las entidades locales deben actuar no solo en un sentido de corresponsabilidad, sino posicionándose como catalizadores y motor de circularidad para la transformación de la economía local»*, tal como señala el documento *Estrategia local de economía circular*, elaborado por la Federación Española de Provincias y Municipios.

El informe establece cinco ejes estratégicos que deben llevar adelante las gestiones municipales. Entre ellos los siguientes:

- La minimización de la utilización de recursos naturales, que consiste principalmente en la prevención y la reutilización, y la gestión de los residuos.

- La gestión del consumo del agua, consistente en el uso responsable y la gestión de los residuos de proceso.

- La sostenibilidad de los espacios urbanos, apuntalando la planificación preventiva y regeneradora y la movilidad sostenible.

- Los espacios y conductas saludables, con implicancias sobre los territorios saludables, el consumo responsable y el desperdicio alimentario.

- Las políticas de transversalidad, que van desde la compra pública sustentable, pasando por la implantación de las nuevas tecnologías, la transparencia y gobernanza compartida, y la comunicación y sensibilización. Todas medidas que ponen de manifiesto el poder real y la capacidad potencial que tienen los municipios para impulsar los procesos circulares.

La *Declaración de Valladolid*, en junio de 2021, actualizó los contenidos, propuestas y compromisos de la Declaración de Sevilla.

Criterios de evaluación y seguimiento. Todo este esfuerzo tiene sus resultados simbólicos positivos, ya que la comunidad valora este alineamiento de la gestión pública con un desarrollo sostenible. Sin embargo, y tal como mencionáramos, como los recursos son finitos (no solo económicos, sino también los recursos humanos) y son muchos los frentes abiertos, es importante afinar los criterios de evaluación y seguimiento de iniciativas. Es necesario brindar herramientas a los alcaldes para que realicen una evaluación de aquellas prioridades que les permitan un mejor aprovechamiento de las oportunidades al momento de pasar a la acción concreta.

Los puntos claves para tener en cuenta son los siguientes: quiénes son o serían los agentes implicados y el interés de estos; los beneficios económicos, ambientales y sociales esperados; qué papel desempeñará la Administración local, y cuál es la viabilidad técnica y económica. La participación es esencial, por lo cual es importante debatir estos aspectos en profundidad, analizando también las posibles barreras para el aprovechamiento de las oportunidades y evaluar si los gobiernos pueden contribuir a superarlas.

Circularidad urbana y empleo. Es también muy marcada la relación que se observa entre la acción de la política pública de economía circular, con la creación de puestos de trabajo. El informe publicado por la mencionada fundación *Circle Economy* (Circle Economy, 2019) destaca, entre otros ejemplos, el de Residuo Cero, uno de los proyectos impulsados por la ciudad de Barcelona, cuyo objetivo es reducir la generación de residuos municipales. Esta estrategia abarca una multitud de intervenciones políticas y, para impulsarla, se han establecido varios lineamientos: reducir la generación de residuos a menos de 1,2 kg habitante/día; alcanzar niveles de reciclaje del 60% de los residuos municipales, y reducir la fracción contaminada de residuos orgánicos por debajo del 8%. El Ayuntamiento apoya a ciudadanos, organizaciones y empresas para contribuir a la consecución de estos objetivos mediante estímulos económicos. Para los ciudadanos, por ejemplo, se ha reformado la fiscalidad de los residuos con el fin de fomentar la separación de fuentes y se está desarrollando infraestructura para el compostaje comunitario de los desechos biológicos de los hogares. Además de las ambiciones estratégicas y el apoyo financiero, el Ayuntamiento de Barcelona promueve un comportamiento verde y circular entre los ciudadanos y empresas mediante multitud de medidas, como educación e información ambiental en los puntos verdes de la ciudad, distribución de mapas con tiendas y restaurantes sostenibles de la ciudad, y organización de seminarios para tener oficinas más sostenibles.

Oportunidades circulares en el ámbito local. Como se plantea desde el inicio, el gran desafío de los procesos circulares, para no quedar en un testimonio de buenas intenciones, es pasar de la declaración de principios a la acción concreta. Para ello, se presenta otra vez la duda acerca de cómo implantar la economía circular y quiénes llevarán adelante las experiencias. Como se ha mencionado con anterioridad, en procesos compartidos están los Gobiernos, las empresas y el ámbito local, que aparece como un terreno propicio para las innovaciones. Así lo demuestra el recorrido seguido por distintas ciudades en el plano internacional. Tomando dichas experiencias, vale la pena brindar algunos ejemplos de oportunidades circulares en el ámbito local.

Según un informe de la Fundación Ellen MacArthur (2015), el sector de la construcción y rehabilitación es uno de los más desafiantes por su consumo de materiales, suelo y energía, tanto como por su generación de emisiones (casi el 40% del total). Dentro de las acciones de competitividad e innovación, la línea de trabajo puede enfocarse en fomentar el uso de materiales reciclables y de la cuna a la cuna, al tiempo que se impulse la contratación pública verde para la construcción de edificios municipales o su rehabilitación. En materia de producción, la construcción puede regularse por marcos de edificación sostenible: que fijen objetivos concretos en el estudio de gestión de residuos en fase de proyecto y hagan uso de guías de edificación y rehabilitación sostenible. En lo referente al consumo, se multiplican las acciones de servicios compartidos de calefacción o la utilización de electrodomésticos. En el área vinculada a la gestión de residuos y materias primas secundarias, se fomentan iniciativas para recuperar residuos procedentes de la construcción y demolición (RCD), como utilizarlos de materia prima para nuevos materiales/productos, la creación de plataformas/espacios para compartir estos subproductos y el uso de herramientas informáticas destinadas a facilitar los cálculos y verificar la gestión.

En el sector industrial, trabajando el eje de la competitividad e innovación, se puede mejorar la gestión de residuos a través de la recuperación de materiales, productos y componentes, que pueden reintroducirse en la economía y fomentar la investigación de nuevos materiales y su desarrollo. En lo que respecta a la producción y consumo, es posible adelantar la transición de la bolsa de plástico a compostables. Y, sobre la gestión de residuos y materias primas secundarias, se puede impulsar la simbiosis industrial y la gestión de residuos en común entre empresas y parques o polígonos industriales (núcleo de conexión entre compañías).

En el sector agroalimentario y bioeconómico, se pueden impulsar nuevos modelos de negocio en bioeconomía forestal, aprovechar materias primas secundarias para nuevos alimentos (por ejemplo, lactosuero de quesería), instaurar comedores colectivos (colegios, empresas y centros con servicios de comedor) con productos autóctonos/locales km 0 y utilizar biomasa forestal como combustible (madera, *pellets*, etc.) y para producir nuevos productos (biodiésel y biogás, por ejemplo). En relación con el consumidor, las gestiones locales pueden fomentar programas para evitar el desperdicio alimentario, así como recuperar materia orgánica de plantas alimentarias o restauración para compostaje del agricultor cercano. Entre otras iniciativas, se observa la implantación de sistemas de recolección en ciertas áreas para obtener compost de calidad específica de los principales productores del tejido local e impulsar la creación de empresas que ofrezcan soluciones a partir de materia prima del lugar, como la biomasa agraria y forestal: materiales orgánicos biodegradables para su uso en el campo, la pesca y la actividad silvícola. Por su parte, la Administración también puede fomentar un nuevo modelo de negocio de recogida y gestión de los restos orgánicos mediante ayudas, subvenciones y asesoramiento para el desarrollo de negocios circulares. Considerando que los orgánicos representan aproximadamente el 50% de los residuos domiciliarios, es una buena idea la obligatoriedad que la nueva Ley de Residuos y Suelos Contaminados para una Economía Circular en España aprobada en 2022 que impone para la recogida selectiva en todos los ayuntamientos del país.

En este mismo sentido, algunas de las políticas públicas que hacen viables los cambios son compartir buenas prácticas e identificar y analizar proyectos circulares en las empresas (intraemprendimiento), capacitar agentes intermedios respecto a los nuevos modelos de negocio —e incluso sobre nuevas tecnologías y materiales—, participar en proyectos de investigación, y desarrollo y apostar por la compra pública verde y circular.

En la misma sintonía, se inscriben acciones tendientes a incluir criterios de circularidad en las ayudas que den los gobiernos locales a asociaciones e instituciones a través, por ejemplo, de la creación de una plataforma de intercambio entre las empresas y la comunidad.

Estos han de continuar impulsando la economía colaborativa, con estrategias conocidas como *carsharing, carpooling*, préstamo de bicicletas, *objetotecas* (bibliotecas de cosas, como un taladro) y otros productos que pueden compartirse para abaratar costos y disminuir el uso de energía.

Asimismo, e impulsando la cooperación con la sociedad, pueden montarse espacios de reparación y segunda mano. Por ejemplo, en Argentina, la Fundación Artículo 41 cuenta con el *Club de Reparadores*, movimiento que busca promover el arreglo de bienes domésticos para fomentar el consumo responsable, que se va extendiendo día a día. Es necesario, y una oportunidad también para emprender, impulsar campañas que aumenten la confianza del consumidor en los productos de segunda mano.

Un ejemplo destacado que combina iniciativa comunitaria, participación ciudadana y redes sociales que podría ser impulsado por ayudas estatales para lograr su escalabilidad, es el de la cuenta *Estoy en la basura* (https://www.instagram.com/estoyenlabasura), que con el aporte de los vecinos de Madrid comparten diariamente fotos y direcciones de elementos que las personas tiran o desean desprenderse, para intentar 'rescatarlos' y darle nueva vida. Mi experiencia personal es que los ciudadanos motivados pueden lograr muchos mejores resultados con menos recursos.

Otro aspecto central de la política pública y de mayor impacto, como ya hemos visto, es la formación ciudadana. Es fundamental también que los municipios creen programas de capacitación, fomento y difusión de la economía circular destinadas a entidades, emprendedores y empresas.

Sin embargo, a las oficinas públicas aún les queda un enorme recorrido para promover desmaterialización de la economía a partir de la digitalización y el teletrabajo u adoptar la tramitación electrónica de expedientes. De igual manera, para otorgar incentivos sobre las tasas de residuos para fomentar el reciclaje (aquí también es positiva la citada nueva Ley de Residuos en España ya que unifica y eleva cánones de vertido), eliminar contenedores en el espacio público de ciertas áreas e impulsar el autocompostaje doméstico o comunitario, entre otras iniciativas. También, y más relevante que nunca en el contexto energético mundial, las Administraciones pueden desarrollar proyectos de aprovechamiento energético mediante procesos aeróbicos y anaeróbicos.

Un área donde también comienza a desarrollarse la circularidad en comunidades europeas es el turismo, que puede servir de modelo para otras industrias de servicios. Por ejemplo, impulsando el consumo de agua no embotellada y envases no plásticos en la hostelería y la restauración, o el uso de energías renovables en el sector.

Sin duda, las labores pendientes son muchas, pero lo que debe entusiasmarnos es que cada una de estas políticas supone nuevas oportunidades para proveedores locales, que pueden cubrir algún nicho de estas cadenas circulares.

Un metabolismo que consume recursos y genera residuos. Una visión desde el mundo privado, más específicamente desde el sector energético, es la que plantea Endesa España, subsidiaria de la multinacional Enel. Desde este punto de vista, la ciudad es un metabolismo que consume recursos y genera residuos. Para esta compañía, la ciudad circular es una evolución del concepto de Smart City o ciudad inteligente. Se trata de un cambio de percepción: de un enfoque orientado a las nuevas tecnologías y los servicios energéticos, se pasa a una perspectiva holística que tiene en cuenta todos los recursos que consume una ciudad y que pone el foco en el impacto social, económico y medioambiental de ese consumo.

Postulan que actuar sobre la energía y los materiales consumidos es clave para la transformación circular de una ciudad. Para ello, sostienen avanzar en varias direcciones:

- Desarrollar energías renovables para no generar emisiones.

- Impulsar modelos avanzados en economía colaborativa para compartir recursos y extender y optimizar la vida útil de los mismos.

- Mantener y regenerar los recursos en uso: eco-diseñar y fabricar aparatos que sean fácilmente reparables. Mantener su valor el máximo tiempo de cualquier bien o producto fabricado.

- Aplicar la jerarquía de residuos y evitar al máximo los residuos.

Muchas de estas ideas se están poniendo a prueba en el proyecto eCityMálaga, en el que se propone a la ciudad andaluza como la primera ciudad circular española. El objetivo de esta iniciativa público-privada (véase nuevamente la importancia de la colaboración) es repensar la manera en la que utilizamos las materias primas y la energía a partir de una propuesta de transición energética y utilización de recursos dentro del Málaga TechParK.

No hay ciudades circulares, sin ciudadanos circulares. Así como hemos postulado que en una nueva forma de hacer economía se debe volver a posar la mirada en ser humano como centro de las consideraciones, en el caso de las ciudades el actor principal debe ser el *ciudadano circular*, concepto propuesto por la experta en economía circular Sladjana Mijatovic. Siguiendo este enfoque, Carlos Romero, director de la Asociación Civil ECCos de Paz, considera que *«de esta manera se le da mayor amplitud e integralidad al papel del ciudadano en el modelo circular»*.

Como vemos, es en el ámbito urbano donde el ciudadano circular puede desarrollar su máximo potencial para lograr una sociedad circular.

Elevar la ambición desde las ciudades. A lo largo de este capítulo, hemos compartido algunos modelos positivos de ciudades donde la edificación, la movilidad, la eficiencia energética o el consumo en general puedan regirse por principios sostenibles y ponerse al servicio de la ciudadanía y del planeta, los cuales pueden incorporarse en los ayuntamientos de cualquier región.

Es necesario seguir un camino marcado por la búsqueda de consensos, la construcción de acuerdos, el diseño de nuevas normativas, el impulso de instrumentos económicos sostenidos y creativos, y la educación para una cultura de la innovación. Y en estos procesos lo que ocurre es que *«la Administración local juega un papel destacado en el impulso de la economía circular a través de la aplicación de sus competencias, tanto a nivel interno, como fomentando modelos de producción y consumo más circulares»*, como indica la Red de Ciudades y Pueblos hacia la Sostenibilidad.

Tal como hemos puesto en evidencia, la economía circular, como nuevo modelo de producción y consumo, es mucho más que residuos. Por ello, las estrategias de intervención urbana no pueden abordarse sin una visión holística y transversal, que incluyan a la totalidad de las políticas. No pueden ejecutarse las acciones climáticas, por un lado, las de movilidad por otro, y así… es necesario elevar la ambición por parte de los gobiernos locales y proponer una estrategia integral.

De esta forma, se aprovecharán mejor las oportunidades para orientar el financiamiento y fomentar el desarrollo de nuevos programas locales que impactarán directamente en la calidad de vida, la actividad económica, la creación de empleo, entre otros efectos positivos, fortaleciendo de esta manera a las comunidades y a cada uno de sus habitantes, para que un nuevo modelo de hacer economía, como es la economía circular, sea una herramienta de cambio para construir una nueva prosperidad.

Ideas del capítulo 1 en 280 caracteres

- Como grandes centros de producción y consumo, las ciudades son parte del problema, pero también de la solución.

- La ciudad debe ser un espacio para prosperar, y no solo para sobrevivir.

- Las ciudades representan el espacio territorial donde confluyen distintos flujos, de personas, de actividad económica, de consumo de recursos, pero también de conocimiento y de espacio de acuerdos. Por ello, son espacios de múltiples oportunidades.

- La economía circular es más que residuos, es un nuevo modelo de producción y consumo, y como tal, es necesario que las ciudades aumenten la ambición y aborden su implantación con una visión holística y transversal.

- La «ola» de la economía circular no es un tsunami: ¡está en plena formación, aún hay tiempo de subirse a ella!

Te invito a compartir tus ideas favoritas arrobándome
- @luislehmann

Apartado práctico del capítulo 5

Diez ciudades circulares

«El futuro del planeta nos lo jugamos en las ciudades», advirtió en su día el economista británico Nicholas Stern, reconocido por el informe que lleva su nombre, en un artículo del periódico El Mundo.

A modo de inspiración, y con el objetivo de despertar inquietudes a partir de las experiencias compartidas, se destacan a continuación diez ciudades que están marcando el rumbo al resto con iniciativas innovadoras de circularidad.

1. **Ámsterdam**. El Ayuntamiento de esta ciudad de los Países Bajos ha aprobado la Estrategia Circular de Ámsterdam 2020-2025. Su objetivo es reducir un 50% el uso de nuevas materias primas para 2030 y espera alcanzar una economía completamente circular en 2050. En abril de 2020, durante la primera ola de covid-19, el Gobierno de la ciudad adoptó la mencionada teoría de la economía de la rosquilla, de la economista Kate Raworth (2018). La ambición es que los 872 000 residentes tengan una buena calidad de vida, pero sin ejercer más presión sobre el planeta de lo que es sostenible.

2. **Londres**. La capital del Reino Unido se ha subido al tren de la economía circular con el London Waste and Recycling Board (LWARB), que aspira a generar 8 000 millones de euros anuales y crear 40 000 puestos de trabajo en los sectores circulares en dos décadas. En la University College (UCL) se ha creado el hub de la ciudad circular.

3. **Gavà (Barcelona)**. El Ayuntamiento de esta ciudad, Aigües de Barcelona y el Centro Tecnológico del Agua (Cetaqua) desarrollan un trabajo conjunto con el objetivo de potenciar un modelo de Economía Circular en el municipio, basado principalmente en el estudio de los consumos y usos del agua, la energía, así como la tipología de residuos que los actores principales participantes del estudio tienen y la forma de gestionarlos. Adicionalmente, se han identificado 10 oportunidades circulares a nivel municipal, y dos a nivel de empresas individuales. A destacar, la puesta en

marcha de un gestor energético compartido para las empresas, el uso de agua regenerada para usos municipales e industriales, la creación de un panel de expertos residuo-recursos y la revisión de las ordenanzas municipales desde la perspectiva de la economía circular.

4. **Milán**. En Italia, dirigido por el chef Massimo Bottura y la organización Recup, se puso en marcha un proyecto municipal para recuperar la comida de los más ambiciosos del mundo. La ciudad italiana es pionera también en la recogida a domicilio de restos orgánicos para el compostaje.

5. **San Francisco**. La ciudad californiana de Estados Unidos se ha fijado la meta de zero waste en el 2020, y ha superado ya el techo del 80% en la reducción de residuos en los vertederos. Decenas de ciudades estadounidenses han seguido su ejemplo y avanzan hacia la meta utópica y práctica de residuo cero.

6. **Córdoba (Argentina)**. Desde 2021 la segunda ciudad más importante de Argentina organiza la Cumbre Mundial de Economía Circular, uno de los encuentros internacionales más relevantes. La misma incluye una Feria Mundial de Economía Circular como espacio para exponer proyectos, productos y servicios circulares. Por otro lado, se puso en marcha el Clúster de Economía Circular por parte del Ente Municipal BioCórdoba y se lanzó el primer Directorio de Economía Circular de Argentina, como plataforma para promover la articulación entre el sector público, privado y la sociedad civil.

Las actividades se fortalecen con actividades educativas en los distintos niveles de formación, como la Diplomatura en Economía Circular, con el objetivo de brindar herramientas técnicas para potenciar el rol de municipios, cooperativas, pymes y grandes generadores, mejorando la tasa de reciclaje, el empleo verde y la inclusión social.

7. **Austin (Texas)**. Dispone de un amplio Programa de Economía Circular que tiene como objetivo hacer de Austin la economía circular más vibrante de los Estados Unidos; para ello, ofrece recursos tanto a empresas como a residentes para ayudar a hacer crecer la economía circular local. Destacan acciones como la Circular Austin Showcase que conecta empresas y empresarios de economía circular con posibles inversores en la región; la Guía de recursos para empresas circulares; el Directorio de Reuso y sus clínicas de reparación.

8. **Singapur**. La ciudad-Estado elaboró en el 2015 el Plan Maestro de Sostenibilidad, que está marcando el camino del futuro, con la creación de sistemas de reaprovechamiento del agua y una regulación estricta para la eficacia en el uso de los recursos. Los Jardines de la Bahía, con su bosque eléctrico de super árboles solares, son el emblema de las ciudades verdes.

9. **Cali (Colombia)**. El proyecto Cali Circular, una apuesta por la transición de la ciudad colombiana hacia la economía circular, que se ha materializado en foros, eventos de innovación abierta, una plataforma tecnológica y ruedas de negocios. Como parte de la tarea colaborativa que impulsa el intercambio de conocimiento y experiencias, se han articulado distintas asociaciones. Entre otras, la Red de las Ciudades Circulares, auspiciada por la Fundación Ellen MacArthur, reúne los intentos de aplicar el nuevo modelo circular a escala local o regional.

10. **Logroño**. La capital de La Rioja (España) se ha incorporado al mapa global de la economía circular gracias a The Circular Lab, impulsado por Ecoembes. El proyecto aspira a poner Logroño a la vanguardia en la gestión inteligente de residuos (smart waste), en la investigación de los envases del futuro y en el emprendimiento y la participación ciudadana en un modelo económico sostenible.

Inspirado en el artículo «El futuro del planeta nos lo jugamos en las ciudades», de Carlos Fresneda, publicado el día 4 de diciembre de 2015 en el diario *El Mundo* de España.

Los 15 pasos circulares para las ciudades

Siguiendo con la intención de aportar metodologías rápidas y sencillas de aplicar, el Banco Europeo de Inversiones y la Fundación holandesa Circle Economy han elaborado un simple documento de 15 pasos para promover la transición hacia ciudades circulares.

Esta guía proporciona pautas integrales para hacer que cualquier ciudad pueda ser circular.

FASE 1 PREPARAR Y PLANIFICAR	**1. Conectar y facilitar la cooperación entre las partes interesadas circulares** • Mapear partes interesadas circulares locales para su posible inclusión en el equipo de trabajo • Desarrollar capacidades sobre los principios de la economía circular y las opciones para la acción. • Aprovechar/establecer plataforma(s) local(es) para conexión e interacción **2. Caracterizar y analizar el contexto local y los flujos de recursos, e identificar activos inactivos** • Comparar sectores económicos relevantes en términos de potencial circular e impactos • Identificar y mapear iniciativas circulares existentes por parte del sector público • Identificar y mapear iniciativas circulares existentes del sector privado • Identificar y mapear activos públicos inactivos • Investigar y revisar los análisis de flujo de materiales (MFA) para la ciudad y ciudades similares

FASE 1 PREPARAR Y PLANIFICAR	3. **Recopilar buenos ejemplos circulares y aprender de la experiencia de otras ciudades**
	• Obtener inspiración de estudios de casos y logros de ciudades circulares
	• Ponerse en contacto con iniciativas inspiradoras de proyectos circulares
	• Unirse a acuerdos voluntarios de ciudades circulares y redes de apoyo
	4. **Conceptualizar opciones circulares para sectores prioritarios y servicios y bienes municipales**
	• Identificar oportunidades circulares en sectores prioritarios
	• Identificar oportunidades circulares en los servicios municipales
	• Identificar cómo se podrían realinear los proyectos municipales planificados para aprovechar las oportunidades circulares
	5. **Elaborar una visión y una estrategia circulares con metas y objetivos claros**
	• Co-desarrollar una visión para una ciudad circular junto con las partes interesadas locales
	• Describir la línea de base lineal y los impactos negativos relacionados
	• Co-desarrollar objetivos y metas
	• Seleccionar las medidas necesarias para cumplir los objetivos y metas acordados
	• Acordar plazos, roles y responsabilidades para la implementación
	• Formular la estrategia de ciudad circular

FASE 2 FACILITAR	**6. Capacitar y educar para movilizar a los ciudadanos, las empresas y la sociedad civil**
	• Educar a los ciudadanos, las empresas y la sociedad civil para catalizar la acción.
	• Aprovechar los medios de comunicación, las instituciones educativas y las ONG en la sensibilización
	• Organizar eventos de divulgación e información
	7. Crear un entorno propicio para las empresas circulares y los ciudadanos
	• Revisar/crear leyes y reglamentos locales de apoyo
	• Utilizar instrumentos económicos para fomentar el comportamiento circular
	8. Defender y adquirir activos, productos y servicios circulares
	• Promover y establecer un entorno propicio para la contratación circular
	• Licitación de activos, productos y servicios circulares
	• Revisar el desempeño de los proveedores en términos de circularidad
	9. Cultivar y apoyar negocios circulares
	• Identificar oportunidades para que las herramientas TIC apoyen la transición circular
	• Apoyar la simbiosis industrial
	• Conectar a las partes interesadas a través de plataformas de emparejamiento y espacios de ubicación conjunta

FASE 2 **FACILITAR**	**10. Catalizar innovaciones circulares y apoyar su integración**
	• Establecer o apoyar laboratorios circulares de innovación
	• Establecer o apoyar impact hub´s e incubadoras de empresas emergentes circulares
	• Establecer fondos circulares de financiamiento e inversión para la innovación
FASE 3 **ACTUAR**	**11. Cerrar bucles conectando generadores y usuarios potenciales de recursos**
	• Identificar posibles fuentes de suministro de energía/residuos/agua/calor
	• Identificar usuarios potenciales de energía/residuos/agua/calor
	• Facilitar las conexiones entre proveedores y usuarios de energía/residuos/agua/calor
	12. Cuidar los activos para prolongar su vida útil y reactivar los activos inactivos para aumentar su uso
	• Evaluar el potencial de circularidad de los activos públicos inactivos
	• Identificar oportunidades para volver a involucrar y vincular activos públicos inactivos
	• Identificar y vincular a las partes relevantes
	• Desarrollar planes de mantenimiento y presupuestos de activos para extender su vida útil

FASE 3 ACTUAR	**13. Construir edificios e infraestructura circulares e incentivar a otros desarrolladores a seguir su ejemplo**
	• Renovar o construir edificios gubernamentales de manera circular
	• Renovar o construir infraestructura pública de manera circular
	• Incentivar los comportamientos circulares de los desarrolladores privados
	14. Canalizar fondos y financiación hacia proyectos circulares
	• Proporcionar o vincular proyectos circulares para otorgar fondos
	• Apoyar a las empresas en el perfeccionamiento de sus casos comerciales para mejorar la bancabilidad
	• Explorar si la ciudad puede apoyar directamente proyectos circulares
	15. Comunicar sobre el progreso circular basado en el monitoreo
	• Recopilar y estandarizar datos relacionados con la transición circular
	• Monitorear el progreso en las métricas de economía circular
	• Comunicar para la mejora y el desarrollo continuos

Fuente: Traducido y adaptado de «The 15 circular steps for cities» – Third edition, Draft February 2022, elaborado por el European Investment Bank.

La gestión de calidad de las ciudades en un contexto de economía circular

En la búsqueda de un desarrollo sostenible y eficiente, las ciudades contemporáneas enfrentan retos complejos relacionados con la gestión de recursos, la calidad de vida y la adaptación a modelos económicos innovadores, como la economía circular. En este escenario, las normas ISO de gestión de calidad juegan un papel crucial al proporcionar reconocidos estándares internacionales para mejorar procesos, optimizar recursos y garantizar la sostenibilidad.

Qué son las normas ISO y su aplicación en las ciudades

La Organización Internacional de Normalización (ISO) establece estándares que ayudan a organizaciones, tanto públicas como privadas, a mejorar sus sistemas de gestión. Estas normas son voluntarias y buscan garantizar la eficiencia, la sostenibilidad y la satisfacción de las partes interesadas.

Los Sistemas de Gestión de Calidad

Estos sistemas se centran en la mejora continua de procesos y la satisfacción del cliente mediante la optimización de operaciones internas. La norma ISO 9001 es la referencia internacional.

En el contexto de las ciudades, su aplicación puede permitir a las administraciones públicas estandarizar procesos, ofrecer servicios más eficientes y responder de manera efectiva a las necesidades de los ciudadanos. Por ejemplo, ayuntamientos que adoptan ISO 9001 pueden mejorar servicios como la recogida de residuos, el transporte urbano o la atención al ciudadano.

La estandarización de la Gestión Ambiental

La norma ISO 14001 establece los requisitos para implementar un Sistema de Gestión Ambiental (SGA), orientado a minimizar los impactos negativos en el entorno y promover el uso eficiente de los recursos. En las ciudades, esta norma facilita la creación de políticas ambientales sostenibles, ayudando a reducir emisiones, gestionar residuos y proteger ecosistemas.

Un ejemplo claro de aplicación de la ISO 14001 es el desarrollo de planes de gestión de residuos urbanos y programas de reciclaje que se alinean con los principios de la economía circular.

Indicadores para el desarrollo sostenible de las ciudades

Ante la dificultad de monitorear políticas públicas, la ISO 37120 es una norma específicamente diseñada para medir y evaluar el desempeño de las ciudades a través de indicadores estándar. Es una herramienta relevante para monitorear el progreso hacia la sostenibilidad urbana y la economía circular. La norma abarca áreas como calidad del aire y del agua, consumo de energía renovable, gestión de residuos, movilidad urbana y acceso a servicios básicos.

Estos indicadores permiten a los gobiernos locales comparar su desempeño con otras ciudades y tomar decisiones informadas para optimizar recursos y mejorar la calidad de vida.

En un contexto de economía circular, la ISO 37120 puede ayudar a medir cómo las ciudades están cerrando los ciclos de recursos, reduciendo residuos y fomentando una economía más sostenible. Por ejemplo, la norma puede evaluar la eficacia de programas de reutilización de materiales de construcción o el uso de energía limpia en infraestructuras urbanas.

Complementariamente, la norma ISO 59020 de indicadores de economía circular, permite contar con marcadores específicos.

Smart Cities y la gestión de activos

La ISO 55001 establece directrices para la gestión de activos físicos, financieros y organizativos de manera eficiente y sostenible a lo largo de su ciclo de vida. En el marco de las Smart Cities o ciudades inteligentes, esta norma es esencial para garantizar una gestión eficiente de infraestructuras críticas, como redes de agua, electricidad, transporte y edificaciones.

Su relación con las ciudades inteligentes radica en el uso de tecnologías digitales y el Internet de las Cosas (IoT) para optimizar la gestión de activos urbanos. Por ejemplo:

- Mantenimiento predictivo: Sensores en redes de transporte para identificar fallos antes de que ocurran.

- Eficiencia energética: Monitoreo de edificios inteligentes para reducir el consumo energético.

- Gestión del ciclo de vida: Maximizar el valor de activos, como carreteras o redes de agua, mediante el seguimiento continuo de su estado.

La ISO 55001, en combinación con otras normas, contribuye a una gestión integrada de la infraestructura urbana, alineada con los principios de la economía circular y la sostenibilidad.

Familia ISO 59000: La economía circular tiene su propia norma

Las nuevas normas ISO 59000, recientemente introducidas, tiene como objetivo establecer directrices y metodologías para la implementación del nuevo paradigma en organizaciones y sistemas productivos. Estas normas proporcionan un marco estructurado para cerrar los ciclos de materiales, minimizar residuos y fomentar la reutilización y el reciclaje.

En el contexto urbano, se vincula de manera directa con otras normas ISO como:

- ISO 9001 y 14001, al garantizar la calidad y la gestión ambiental en procesos, permiten implementar prácticas de economía circular de manera estandarizada y eficiente.

- ISO 37120, al facilitar la medición de los avances en indicadores clave relacionados con la circularidad, como el reciclaje de residuos, el uso de energías renovables y la eficiencia en la gestión de recursos.

- ISO 55001. Una gestión efectiva de los activos urbanos, con la mirada puesta en su ciclo de vida, es fundamental para promover la reutilización y el mantenimiento sostenible, pilares de la economía circular.

Por ejemplo, la integración de la ISO 59001 con la ISO 55001 permitirían a una ciudad planificar el uso de materiales en infraestructuras para que sean reutilizables al final de su vida útil, mientras que con la ISO 37120, estos avances pueden ser monitoreados y comparados con otras ciudades.

Las ciudades que adoptan estos estándares pueden mejorar su desempeño y resiliencia, al tiempo que también lideran la transición hacia un modelo urbano circular, eficiente y tecnológicamente avanzado, adaptado a los desafíos del siglo XXI.

Ejercicio 5: ¿Tu ciudad tiene una hoja de ruta o plan de economía circular?

Siguiendo el camino de nuestros ámbitos de influencia, o círculos concéntricos, en el cual desde nuestro espacio familiar tenemos posibilidad de ir aumentando la escala, es momento de pensar respecto de qué acciones podemos implementar desde nuestra calle, nuestro barrio, y nuestra ciudad. Para ello te invito a tomar unos minutos para la búsqueda de información y la reflexión. Investiga en internet.

¿Tu ciudad tiene una hoja de ruta o plan de economía circular? Si lo tiene, ¿Conoces sus estrategias? ¿Y las acciones concretas? ¿Existe financiación destinada a tal efecto? ¿Existe normativa a nivel local? ¿Cuenta el mismo con herramientas de participación e involucramiento?

Si no lo tiene, ¿qué pasos seguirías para lograrlo? ¿Cuáles piensas que deberían ser sus ejes estratégicos? ¿Y los principales actores a involucrarse? Puedes utilizar como guía la propuesta de los 15 pasos circulares para las ciudades.

6

¡ES POSIBLE CAMBIAR!

«*Sé el cambio que quieres ver en el mundo*»

Mahatma Gandhi

Tomar conciencia de nuestros actos y pasar a la acción. «*Hay una cosa que es cierta: somos la única criatura que puede llegar a destruir el planeta, pero también somos la única criatura libre y consciente. Está en nuestras manos, somos la única criatura responsable de nuestros actos y en esa encrucijada estamos*». La cita pertenece a Ignacio Martínez Mendizábal, paleoantropólogo español de la Universidad de Alcalá de Henares, que dedica sus días al trabajo en los yacimientos de la sierra de Atapuerca, en Burgos, lugar donde se encontraron restos humanos de más de novecientos mil años. Éstos permitieron definir una nueva especie conocida como *Homo antecessor*. Su conclusión es tan simple como reveladora: somos la única criatura que puede llegar a destruir el planeta, pero también la única responsable de sus actos. Retomamos así la postura de que somos parte del problema, pero también parte de la solución. Aquí se vuelve a hacer presente la idea de responsabilidad sumada a la toma de conciencia para pensar en el modo en que pueden y deben conducirse los destinos del desarrollo económico de los próximos años.

Decodificar nuestras conductas como individuos insertos en la comunidad será la punta de lanza de los avances. Con el impulso de la juventud, a través de la práctica de distintas expresiones, como por ejemplo la del ejercicio de un consumo más responsable. Sin duda, las innovaciones tecnológicas y digitales han hecho aportes fundamentales para tornar viables estas ideas. Por su parte, la vara de las empresas, casi como un principio económico básico, la determina la demanda, de la mano del consumidor.

Y, aunque las sociedades de consumo, que bien define el sociólogo Zygmunt Bauman cuando estudia la modernidad líquida de estos tiempos, privilegian la satisfacción inmediata de un insaciable deseo de acumulación de productos que, al mismo tiempo, son fácilmente descartables, el consumidor actual comienza a exigir nuevos requerimientos.

Un nuevo punto de partida para analizar estos nuevos comportamientos proviene de una noción proveniente de la psicología que nos puede permitir reflexionar cómo somos y nuestros deseos de abarrotarnos de cosas materiales.

Los psicólogos Shane Frederick y George Loewenstein plantearon el concepto de 'adaptación hedónica', que se refiere a la capacidad de una persona para ajustar sus expectativas y niveles de felicidad a los cambios en su nivel de ingresos y bienes materiales. En otras palabras, esta idea señala que, a largo plazo, la felicidad de una persona no está directamente relacionada con la cantidad de bienes que posee, sino con su capacidad para encontrar satisfacción en lo que ya tienen. Vista de esta manera, en lugar de enfocarnos en la obtención de más bienes materiales, la felicidad y satisfacción de una persona pueden ser logradas a través de un estilo de vida más simple y consciente. Este enfoque se ajusta perfectamente a la filosofía de la economía circular, que busca reducir el impacto negativo de la producción y el consumo, fomentando un estilo de vida más responsable y sostenible.

Ya lo dijo Séneca, casi 2 000 años antes: «*no es más pobre quien tiene poco, sino quien desea mucho*», ilustra perfectamente esta idea. Según el citado filósofo, la verdadera pobreza no está en la falta de bienes materiales, sino en la insatisfacción y el deseo constante de tener más cosas.

¿Tiene sentido cambiar? Un cuestionamiento respecto de la posibilidad de cambiar podría venir del lado de si tiene sentido hacerlo: ¿Qué puedo hacer yo, si luego ocho mil millones de personas no hacen lo que deberían? Estudios demuestran que sí vale la pena. Por un lado, un artículo publicado en la prestigiosa revista *Science Direct* por parte de un equipo liderado por Ghislain Dubois, indica que las políticas climáticas dirigidas al consumo de los hogares y las decisiones de comportamiento son clave para futuros bajos en carbono. El resultado manifiesta que, a través de su comportamiento de consumo, los hogares son responsables del 72% de las emisiones globales de gases de efecto invernadero.

Otro estudio, elaborado por Greenpeace, ayuda a valorar la saciedad que producen las compras de ropa en consumidores de China, Hong Kong, Taiwán, Italia y Alemania: el 90% de la satisfacción producida se evapora en menos de 2 o 3 días. Estas observaciones, fácilmente extrapolables a otros sectores y regiones, abonan el razonamiento de que una conducta individual más responsable es clave para impulsar variaciones en el comportamiento.

También podría pensarse que hace falta convencer a todo el mundo para generar un cambio cultural. Sin embargo, la politóloga norteamericana Erica Chenoweth asegura, como fruto de investigar más de 300 movimientos de protesta del último siglo en todo el mundo, que alcanza con movilizar pacíficamente el 3,5% de la ciudadanía para impulsar cambios, por ejemplo, a través de una legislación. Este planteo, realizado en el artículo «Por qué la resistencia civil funciona» junto a María Stephan, es apoyado por organizaciones como Extinction Rebellion, la red global que ha tomado en los últimos años las calles de todo el mundo con coloridas protestas contra el cambio climático.

Demandar pacíficamente tiene sentido. El poder de la acción ciudadana. Cuando los problemas que tenemos como sociedad se vuelven tan visibles, es difícil ser indiferente, y más aún cuando se trata de temas tan trascendentes para el futuro del mundo. Las redes sociales son cada vez más influyentes en estos temas, y en ellas se han multiplicado las críticas a los modelos de acumulación lineal, que han implosionado con la crisis del coronavirus. Si realmente se considera necesario impulsar un mañana mejor para las próximas generaciones, no es viable seguir aferrándose a un modelo que ya ha dado muestras de agotamiento. Esta percepción hace crecer la conciencia social y debería empujar a los líderes a dar nuevas respuestas. Del individualismo pregonado por sistemas económicos obsoletos a la luz de la nueva realidad surgen demandas colectivas —de la mano de estas nuevas generaciones y por el desencanto de los mayores causado por las viejas recetas— de soluciones para la humanidad.

¿Qué podemos cambiar? ¿Cómo es el proceso de cambio? Lamento decir que a pesar de que se puedan recibir fuertes mensajes externos, el cambio es individual e interno. Debe comenzar con la toma de conciencia, ese 'darse cuenta' que provoca el descubrimiento de algo, tal vez oculto a simple vista, como el que describía al comienzo del libro. Y a partir de allí, indudablemente, buscar las maneras de hacer algo, de pasar a la acción. A nivel social, la manifestación de ese conjunto de cambios individuales debiera derivar en un proceso de cambio compartido, como una opción de adhesión, en libertad, un cambio por la razón, por la voluntad, no por la obligación. Esa es la dimensión del cambio cultural necesario.

Plantearse qué podemos cambiar, requiere pensar en aquellas cosas en las que podemos influir y en cuáles no. Recordemos la teoría de los *círculos concéntricos* de Hierocles del capítulo 3.

Vuelvo a traer al presente entonces ejemplos de la filosofía clásica, en este caso del estoicismo, una filosofía práctica más vigente que nunca, y que tuvo un auge muy importante en periodos de crisis o de cambio de época, cómo lo fue la decadencia del Imperio romano. O de *policrisis* y el *fin de la era de la abundancia,* como los que podemos percibir en este momento histórico.

Epicteto, un esclavo convertido en filósofo, que nació en el primer siglo de la era cristiana propone el concepto de la *dicotomía del control.* Se refiere con él a la idea de que existen dos tipos de cosas en el mundo: las que están dentro de nuestro control y las que no lo están. O bien control absoluto o ningún control. Aquello que está dentro de nuestro control absoluto incluye nuestras acciones, pensamientos, juicios, actitudes y decisiones. Por otro lado, aquello que está fuera de nuestro control incluye eventos externos como la muerte, la enfermedad, la pobreza, la guerra, el sol que aparece todo los días o el anochecer, lo que piensen de nosotros, entre otros. Es importante esta clasificación ya que de ella emana una manera con la cual podemos afrontar la vida, dado que de esta distinción depende nuestra serenidad y nuestra felicidad.

Epicteto sostiene que cuando nos concentramos en aquello que está *fuera* de nuestro control, nos exponemos a sufrir y a ser infelices. Por ejemplo, si tratamos de controlar la muerte, nos sentiremos impotentes y nos angustiaremos. Por el contrario, si nos concentramos en aquello que está *dentro* de nuestro control, podemos tomar medidas para mejorar nuestra vida y podremos ser más felices.

A pesar de lo precisa que pueda resultar esta definición aplicada a la vida cotidiana, la misma no me resultó cómoda. Como individuo preocupado por las cuestiones del conjunto de la sociedad, éstas desde ya están fuera de mi control. Por otro lado, y en una aparente contradicción, los estoicos han sido partidarios del cosmopolitismo reflexionado políticamente sobre la 'ciudadanía universal' e impulsando la participación en los asuntos públicos. De hecho, uno de sus máximos referentes, Marco Aurelio, llegó a ser uno de los más reconocidos emperadores romanos.

Una postura superadora me resultó entonces la 'tricotomía del control', que es una idea desarrollada por el filósofo William B. Irvine en su libro *El arte de la buena vida: Un camino hacia la alegría estoica*. A los dos ámbitos de control, agrega un tercero, el del control parcial.

En esos casos es posible reformular las reglas del juego de tal manera que nos enfoquemos solo en lo que depende de nosotros. Por ejemplo, podemos aspirar a un nuevo puesto de trabajo. Podremos controlar cómo presentamos la solicitud, la manera de expresar nuestra experiencia, si cumplimos o no los criterios de selección o los requisitos. Sin embargo, lo que no podemos controlar es la decisión final, la decisión del empleador.

Irvine presenta otro ejemplo, el de un partido de tenis, el que adaptaré al fútbol como deporte colectivo. En este caso, aunque no estemos seguros de ganar, salimos al campo de juego esperando influir con nuestros actos en el resultado. Pero ¿valdrá la pena jugar el partido si sabemos que podemos perder, ya que no tenemos el control absoluto? Irvine plantea centrarnos en los objetivos que fijamos en nosotros, en términos de internalizar metas. Es decir, buscar que estos sean internos y no externos. Si nuestro objetivo es externo (no tenemos control absoluto) buscando solo ganar, probablemente quedemos frustrados o decepcionados al perder. Incluso, podríamos sufrir ansiedad antes del partido. Recordemos que los estoicos buscaban siempre mantener la serenidad, por lo que no sería correcto plantearse esa meta.

Por el contrario, si fijamos un objetivo interno (sobre el que tenemos completo control), como dar lo mejor de nosotros en el partido, entonces, a pesar de perder, no habremos fracasado e incluso nuestra serenidad no se verá perturbada.

Solo así, cambiando tu actitud y reformulando tus objetivos, podrás vivir en paz con lo que haces y asumir la responsabilidad sobre lo que haces.

Así que, en vez de preocuparse por si te elegirán o no, o de si ganarás el partido, preocúpate por dar (o haber dado) tu máximo esfuerzo a la hora de asumir tus compromisos. O bien como dijo Theodor Roosevelt, «*haz lo que puedas, con lo que tengas, estés donde estés*».

¿Cómo cambiar? Como vemos, no hay cambio sin compromiso ni esfuerzo. Ya tomamos todas las decisiones sencillas, y ello nos ha traído hasta este momento de inflexión.

Promover un cambio cultural para nada más y nada menos que reemplazar un modelo de producción y consumo, sin dudas es un desafío monumental que, como vimos, está fuera de nuestro control absoluto, pero en el cuál podemos influir a partir de interiorizar objetivos y dar lo mejor de nosotros.

En sintonía con lo postulado a lo largo de este libro, propongo entonces aquí algunas acciones que podemos llevar adelante para *hacer un clic hacia una nueva economía,* tal como lo propuse en el título de una publicación anterior.

Necesitamos abordar el cambio personal y transformarnos a nosotros mismos para ser *Homo circularis.* Como ciudadanos, tanto en nuestro entorno más directo, como con empresas y gobiernos, podemos:

- Educarnos a nosotros mismos y a otros: esto puede incluir aprender más e interiorizarnos sobre el cambio climático, la economía y la desigualdad, y compartir esa información con amigos, familiares y vecinos.

- Reducir nuestra huella de carbono: utilizar más el transporte público o cambiar a un vehículo eléctrico, reducir el uso de energía en el hogar, y comprar productos sostenibles.

- Cambiar nuestros hábitos de consumo: comprar productos locales, evitar los productos que contribuyen a la deforestación y la degradación del medio ambiente, y apoyar a las empresas que adoptan prácticas sostenibles.

- Ejercer nuestro poder como consumidores: tales como evitar comprar productos y servicios de empresas que contribuyan al calentamiento global.

- Participando en protestas y manifestaciones pacíficas: esto puede ayudar a generar conciencia sobre el tema y presionar a las empresas y gobiernos para que tomen medidas.

- Apoyar a líderes y políticas que aborden estos temas: por ejemplo, difundir ideas y votar por candidatos que promuevan políticas sostenibles innovadoras y sostenibles, y participar en campañas y grupos de defensa ambiental y social.

- Contactar a los representantes del gobierno: acompañar peticiones y campañas, escribir cartas o llamar a sus representantes para expresar la preocupación y exigir que se elaboren nuevas normativas o tomen medidas al respecto.

- Hacer uso de las redes sociales: generar contenidos y compartir información verificada, amplificar esos contenidos, seguir a *influencers* alineados con la visión y generar conciencia para que se tomen medidas.

Acciones como las propuestas, y muchas otras más, nos darán la posibilidad de poner en la agenda los modelos alternativos de producir y consumir bienes y servicios.

La buena noticia es que no se parte desde cero. Muchos gobiernos y empresas, al menos en gran parte de las naciones centrales, ya han tomado nota. Es posible cambiar la manera de ver las cosas y de analizar determinados procesos y acontecimientos vinculados al progreso comunitario, social y económico, tanto a nivel local como regional y mundial.

No alcanza con un proyecto individual. Los llamados de atención y el impulso común para pasar a la acción constituyen un nuevo punto de partida en el que se debe seguir trabajando.

Ya no hay margen para mirar hacia otro lado. Cada uno desde su lugar.

Articular demandas e influir un cambio hacia un estilo de vida circular. Muchos gobiernos y empresas del mundo parecen haber entendido que se debe acabar con la contradicción entre economía y medio ambiente, y que la ecuación productiva en adelante será *economía más medio ambiente*. Ese primer paso ya se está dando, gracias al cambio cultural que se viene manifestando. Sin duda, un avance muy importante para ratificar una nueva mentalidad transformadora, legitimarla y acompañarla, la cual ya estaba presente en gran parte de la sociedad y en el camino de distintos referentes y organizaciones.

Todo esto es posible gracias a que está emergiendo un nuevo ser humano, el *Homo circularis* —que desde una perspectiva económica podemos definir como un *consumidor responsable*—. Este *Homo circularis* es cada día más consciente de su impacto sobre el ambiente y ejerce su ciudadanía a través de su poder de compra, de sus patrones de consumo, de su comportamiento económico, pero también de su capacidad para articular demandas pacíficas y a partir de ellas, influir.

Las nuevas generaciones son las que lideran este proceso. La información y la educación, tanto la general como la humanista, económica y ambiental, son factores esenciales en el recorrido hacia la construcción de un estilo de vida circular.

Ideas del capítulo 6 en 280 caracteres

🔥 Necesitamos tomar conciencia de nuestros actos y ser más responsables. Por el futuro, pero también por el presente.

🔥 En lugar de enfocarnos en la obtención de más bienes materiales, la felicidad y satisfacción de una persona pueden ser logradas a través de un estilo de vida más simple y consciente.

🔥 Para lograr el cambio sostenible, ambiental, económico y social, es necesario un cambio cultural.

🔥 El cambio comienza en cada uno de nosotros y, con nuestras acciones, podemos cambiar la sociedad.

🔥 Promover un cambio cultural para reemplazar el modelo de producción y consumo es un gran desafío: no hay cambio sin compromiso ni esfuerzo.

🔥 Cambiar hacia una nueva economía tiene sentido. Distintos estudios demuestran que nuestros comportamientos de consumos influyen tanto en otras personas como en el ambiente.

🔥 ¿Cuántas personas tienen que cambiar para lograr un cambio? Un estudio indica que alcanza con movilizar pacíficamente el 3,5% de la ciudadanía para impulsar cambios, por ejemplo, a través de lograr una nueva legislación.

🔥 ¿Qué podemos cambiar? La tricotomía del control nos permite distinguir lo que es de nuestra posibilidad directa, en qué podemos dar lo mejor de nosotros, pero no debemos esperar resultados, y en qué no vale la pena dedicarle esfuerzo alguno.

🔥 El Homo circularis es el que puede articular demandas e impulsar un cambio hacia un estilo de vida circular.

🔥 Para que sea duradero, el cambio debe estar centrado en las personas, ser voluntario, consciente, a partir de la razón y en el gozo de la más plena libertad, es decir, no impuesto o forzado.

Te invito a compartir tus ideas favoritas arrobándome
🔥 @luislehmann

Apartado práctico del capítulo 6

El poder de los hábitos y la mejora constante del 1%

Me he guardado para el final una técnica que trato de poner en práctica desde hace mucho tiempo, que es intentar ser cada día un poquito mejor que mi propia versión del día anterior.

En mi propio camino personal, encontré el libro *Hábitos Atómicos*, de James Clear, que me dio el fundamento de cómo los pequeños cambios son la base para generar grandes diferencias.

Esos pequeños ajustes que realizamos en nuestros hábitos pueden parecer con frecuencia no tener ningún efecto. Sin embargo, una vez que logramos cruzar un determinado umbral, que por lo general está relacionado con la cantidad de veces que realizamos una actividad y su aceptación, es que los mismos dejan de ser una carga u obligación y pasan a estar incorporados en nuestros comportamientos. Es también, lo que a nivel de una comunidad se refiere, lo que significa un cambio cultural.

Clear propone pequeñas mejoras del 1%, que en lo cotidiano pueden ser apenas perceptibles. Pero a la larga pueden representar un gran cambio. Si logras ser ese 1% mejor cada día durante un año, terminarás siendo 37 veces mejor al final del período. Es lo que él denomina «el interés compuesto de la superación personal».

Ejercicio 6: ¿Cómo puedo ser un poco mejor cada día y adoptar un estilo de vida circular?

A lo largo de este recorrido, hemos compartido muchas ideas y metodologías desde el cambio personal, en la sociedad, en mi empresa, grande o pequeña, en mi ciudad y en mi país.

Aquí te propongo unos momentos de reflexión, tomar papel y lápiz, y anotar distintas acciones que quieras aplicar, gradualmente, teniendo en cuenta el desarrollo paulatino, para aportar a la persona que quieres ser y al planeta en el cuál quieres vivir.

A MODO DE RESUMEN...

*«Nada es más poderoso que una idea cuyo
momento ha llegado»*

Víctor Hugo

En un mundo circular, no hay fin, no hay conclusión. Hace
2.500 años el filósofo griego Heráclito postuló que *«lo único
constante es el cambio»*. Y en virtud de los cambios que estamos viviendo, decir que el mundo está cambiando resulta
casi una verdad de Perogrullo.

Podemos decir que estamos evolucionando. Surge un
nuevo ser humano en armonía con su entorno que demanda una sociedad más consciente, altruista y colaborativa, que
demanda empresas responsables y un Estado que sin detener
el progreso, asuma un papel emprendedor, dinámico e inclusivo. Este *Homo circularis* es el que puede alinear la acción
económica, el impacto social y el cuidado ambiental con el
conocimiento para conseguir una deseable revolución circular. El objetivo, que pivotea entre lograr un ciclo virtuoso de
la economía, más interesada con los fines que con los medios
y los complejos desafíos globales, es lograr el cierre definitivo
del ciclo extractivo lineal de la actividad económica y su re-
conciliación con el ambiente.

Distintos especialistas y líderes de opinión se han hecho
eco de esta idea, y se recupera en el presente análisis con la
intención de motivar que los actores involucrados —indivi-

duos, ciudadanía, empresas y gobiernos en todos sus niveles— desempeñen un papel más activo con vistas a generar la necesaria transformación de la economía a través de modelos de desarrollo sostenible.

Pensemos en muchas de las iniciativas presentadas en este libro, y de muchas otras, como parte imprescindible del esfuerzo conjunto, que día a día cuenta con mayores niveles de aceptación, para superar esa dicotomía entre economía y medio ambiente.

La economía ya empezó a cambiar. A modo de guía, y aportando algunas herramientas que ayuden a vislumbrar soluciones para los desafíos sociales, económicos y ambientales que se presentan, esta obra intentó hacer un recorrido por distintas tendencias, estrategias y planes en marcha. Desde cómo es posible, porque ya está ocurriendo, redireccionar los esfuerzos de cambio para evitar el derroche de recursos y materias primas, la volatilidad de las cadenas de suministro, la necesidad de mejoras en la logística, la sustitución de materiales, las nuevas demandas de localización de la producción regional, pasando por cambios en el mundo de la empresa, las pymes y la innovación, tanto como los modelos nacionales de desarrollo y las políticas públicas, de la promoción del empleo, la investigación y los flujos financieros, entre otras.

Si queremos que *el fin de la era de la abundancia* no sea el regreso a una *era de escasez*, sin perder calidad de vida, debemos transitar los avatares de una modificación en nuestros hábitos de producir y consumir de manera sostenible. Este proceso está en marcha y necesita de la capacidad de los gobiernos, las empresas y la comunidad para retroalimentarse y acelerar su adopción.

Como metodología concreta, la economía circular es esa nueva economía que nos permite construir el puente entre el *querer*, expresado en las peticiones para seguir mejorando nuestra calidad de vida y atender la problemática del cambio climático, y el *poder*, que implica llevar a la práctica las transformaciones necesarias.

Hablamos de una transición y una evolución, y no de un cambio abrupto. No como una mera enunciación, sino como la posibilidad real de modificar el rumbo y llevar a cabo acciones concretas sin producir un quiebre.

Hasta aquí tenemos algunas certezas: el cambio no solo es necesario, sino que es posible, porque tenemos las herramientas. La decisión es nuestra: o esfuerzo ahora, o sacrificio más adelante. Si lo logramos, esa transición hacia una producción y un consumo más responsables, que permita continuar con la prosperidad para mejorar la calidad de vida de toda la humanidad, será imparable.

GLOSARIO

Abundancia: Según la Real Academia Española refiere a «una gran cantidad de algo». Ver 'era de la abundancia'.

Cadenas de suministro: secuencia de actividades que se desarrollan para hacer llegar un producto o servicio al cliente final. Comprende el suministro propiamente dicho, que es la adquisición de las materias primas para la elaboración de los productos. La fabricación y la distribución.

Cadena de valor: concepto complementario al de la cadena de suministro, es la secuencia de actividades que se desarrollan para añadir valor a un producto o servicio.

Cambio cultural: Por lo general es un proceso gradual y complejo que involucra la evolución de las actitudes, valores y normas de una sociedad. Puede ser influenciado por factores internos como la educación y la tecnología, así como por factores externos como eventos políticos y sociales, cambios económicos o demográficos y contacto con otras culturas.

Capitalismo: sistema económico y social que se basa en el libre mercado. A partir de allí, se presenta una amplia gama de posibilidades dependiendo del grado de intervención en la economía de su sistema político. En la actualidad, los sistemas, en mayor o menor medida son mixtos, ya que incluyen más o menos dosis de planificación y redistribución de la riqueza.

Ciclo de vida: el proceso de un producto desde su concepción hasta su desaparición.

Ciudad circular: ámbito urbano cuyo modelo de desarrollo impulsa los principios de la economía circular y promueve una ciudadanía sostenible en toda su área de influencia, con el objetivo de maximizar el potencial de los recursos y eliminando las externalidades negativas de su accionar económico. Con esa meta, debe formar a ciudadanos como consumidores responsables, y fomentar la armonía del ser humano con su entorno social, económico y ambiental.

Crecimiento económico: aumento de la renta o valor de bienes y servicios finales producidos por una economía en determinado periodo, que suele medirse a través del PIB, Producto Interno Bruto. Es un concepto acotado que es cuestionado en la actualidad por no representar al conjunto de los elementos de la economía, como el bienestar o la naturaleza.

Criterios ESG: criterios ambientales, sociales y de gobernanza (ESG por sus siglas en inglés, *environmental, social, and governance*) para implementar acciones que promuevan el desarrollo económico sostenible y el impacto social positivo, a la par genera rendimientos financieros competitivos a largo plazo.

Desarrollo económico: capacidad de los países o regiones para crear riqueza a fin de mantener la prosperidad o bienestar económico y social de sus habitantes.

Desarrollo sostenible: nivel de desarrollo que satisface las necesidades del presente sin comprometer la capacidad de las generaciones futuras para satisfacer las suyas propias. Es el punto de encuentro entre el desarrollo económico, social y ambiental.

Economía: ciencia social que estudia la forma de administrar los recursos disponibles para satisfacer las necesidades humanas. Para cumplir su objeto, analiza el comportamiento, las decisiones y las acciones de las personas, empresas y gobiernos respecto de la producción, la distribución y el consumo.

Economía circular: Nuevo modelo económico de producción y consumo que promueve el desarrollo y la creación de valor a partir del desacople de la utilización de recursos.

Economía lineal: Modelo económico basado en la extracción ilimitada de materias primas, industrialización masiva de productos estandarizados, marketineo innecesario para un consumo excesivo y posterior descarte.

Era de la abundancia: período histórico que comienza con la revolución industrial, pero que se acelera en los últimos 75 años, donde gran parte de la humanidad pareciera haberse creído que se podía consumir sin límites. Coincide con el predominio de la economía lineal.

Era de la escasez: antes de la revolución industrial, y durante milenios, la inmensa mayoría de la población se enfrentó a una falta de los más básicos bienes y servicios.

Esfuerzo: trabajo o dedicación que se debe poner en algo para alcanzar un objetivo. Tiene que ver con la dedicación y determinación.

Estado: organización política compuesta al menos por una población, un territorio y un gobierno, que cuenta con el ejercicio de la soberanía y autodeterminación y mantiene relaciones con otros Estados.

Externalidades: costes o beneficios de producción o consumo de algún bien o servicio no se reflejan en su precio de mercado. Para el caso particular, la que más interés representa para este trabajo son las negativas como la contaminación.

Geopolítica: En su concepción original, hacía referencia al estudio de la influencia de la geografía sobre las relaciones de poder a nivel internacional. Esta definición ha ido evolucionando y actualmente hace referencia a todos aquellos acontecimientos relacionados con las relaciones internacionales y la articulación del poder político de los diferentes estados y territorios. Su interés aquí refleja la dimensión económica de los recursos naturales. Ajedrez entre Naciones que incluye la lucha por los recursos.

Globalización: Es un proceso económico, tecnológico, político, social y cultural a escala mundial, surgido de la creciente interdependencia entre los distintos países del mundo que les brindan un carácter global.

Gobierno: conjunto de individuos e instituciones que ejercen el poder público, la administración y representación del Estado por un determinado plazo de tiempo.

Habilitadores: condiciones que permiten o facilitan la implementación de acciones.

Hábitos: es el resultado de acciones que se repiten frecuentemente de forma inconsciente. Pueden trabajarse para lograr cambios.

Materias primas: todo elemento extraído de la naturaleza en estado puro o relativamente puro, y que es factible de ser transformado, mediante procesos de manufacturación o procesamiento industrial, en bienes finales de consumo o en insumo para industrias secundarias.

Homo circularis: Nuevo ser humano aspiracional, emergente de la era del fin de la abundancia y por primera vez en la historia producto de una evolución consciente, de la razón y de la propia voluntad. Superador del *Homo economicus*.

Homo economicus: Representación teórica de la escuela neoclásica de la economía para modelizar el comportamiento humano. De acuerdo con ella, el ser humano se comportaría de forma racional ante estímulos económicos siendo capaz de procesar adecuadamente la información disponible, y en función de ella tomar decisiones basadas en intereses individuales, y de ser posible con el menor coste posible.

Logística: todos los procesos de coordinación y de gestión para hacer llegar el producto correcto al cliente correspondiente, en el lugar y en el momento adecuados. Se ocupa de todo lo relacionado a un producto final en cuanto a almacenamiento, inventario, venta, transporte logístico y servicio al cliente.

Materiales: Son las materias primas una vez transformadas mediante procesos físicos y/o químicos, preparadas y disponibles para fabricar productos.

Modelo de negocio: es la forma en que una empresa genera y entrega valor a sus clientes.

Nueva economía: si bien cada cambio respecto del anterior representa una novedad, por lo cual hubo nuevas economías en distintas épocas, en este caso hacemos referencia a nuevos enfoques o nuevas maneras de abordar la cuestión económica centrándose en aquí en la posibilidad de continuar desarrollando una actividad económica, pero en armonía con el ambiente y las personas.

Políticas públicas: acciones emprendidas por un gobierno con el objetivo de satisfacer determinadas necesidades de la sociedad. A partir de ellas, interviene de muchas formas en el desarrollo social y económico, afectando a todos los individuos y todos los aspectos de la vida económica.

Precio: cantidad, por lo general de dinero, que implica el esfuerzo o sacrificio necesario para conseguir una cosa.

Progreso: desarrollo continuo, gradual y generalizado de un individuo o sociedad en los aspectos económico, social, moral, científico, cultural, etc.

Prosperidad: desarrollo favorable, especialmente en el aspecto económico y social.

Recurso: todos los medios o materiales disponibles en nuestro entorno que son tecnológicamente accesibles, económicamente viables y culturalmente sostenibles y que nos ayudan a satisfacer nuestras necesidades y deseos.

Recurso natural: aquellos recursos que pueden obtener a partir de la naturaleza y que son utilizados por las personas ya sea para consumirlos directamente o bien para ser utilizados en algún proceso de producción. Según su disponibilidad, pueden clasificarse en recursos renovables y no renovables.

Residuo: todo material, objeto o sustancia que, como consecuencia de los procesos de consumo y desarrollo de actividades humanas, es desechado o abandonado.

Resiliencia: es el proceso de adaptación a la adversidad, a un trauma, tragedia, amenaza, o fuentes de tensión significativas.

Sostenibilidad: Más allá de su dimensión ambiental, es un concepto que implica varios niveles de tiempo y espacio, tanto como diversos contextos de organización económica, cultural, social y ambiental.

Subproducto: Producto secundario que se obtiene además del principal en un proceso industrial de elaboración, fabricación o extracción.

Responsabilidad Social Corporativa o Empresarial: forma de dirigir las empresas basado en la gestión de los impactos que su actividad genera sobre sus clientes, empleados, accionistas, comunidades locales, medioambiente y sobre la sociedad en general.

Sacrificio: se refiere a la renuncia o pérdida de algo valioso con el objetivo de alcanzar una meta o beneficio mayor.

Triple impacto: hace referencia al impacto positivo que la actividad de una empresa debe producir en las tres dimensiones: económica, social y ambiental.

Valor: grado de utilidad o cualidad que satisface las necesidades del cliente.

Virtud: valor orientado a la excelencia y con el camino a alcanzar el máximo potencial. Impulsada por la razón, se fundamenta en cuatro cualidades que llevan a buscar la sabiduría, actuar con justicia, emplear el coraje y alimentar la disciplina. De allí, un círculo orientado a ella, será un círculo virtuoso.

MI CONTRATO – COMPROMISO
PARA CAMBIAR YO
Y CAMBIAR LA ECONOMÍA

En su libro *Hábitos atómicos* James Clear propone un *Contrato de Hábitos* como una herramienta que ayude a las personas a establecer y cumplir con nuevos hábitos.

Se fundamenta en la idea de que los hábitos son la base de una vida satisfactoria y plena, y que los cambios significativos comienzan con pequeñas acciones diarias.

Al escribir un contrato, nos obligamos a nosotros mismos a llevar a cabo esas acciones, y nos comprometemos a seguir adelante incluso aunque enfrentemos obstáculos o desafíos.

Adaptando la novedosa idea, y siguiendo el desafío planteado de cambiar la economía para cambiar el mundo, te invito a pasar a la acción y que te comprometas con acciones y plazos concretos para implementarlas.

Este contrato es un compromiso escrito, con el aval de otras personas que nos ayuden a controlar las metas y mantenernos motivados durante el proceso de adquisición de nuevos comportamientos.

Puede incluir todo tipo de cambios que deseemos adoptar, desde el ámbito personal pasando por el familiar, en la calle donde vives, tu barrio, tu ciudad, tu región, tu país, tu empresa o el planeta en su conjunto. Acciones como implementar una alimentación saludable hasta la práctica de ejercicios físicos, disminuir viajes en coche, evitar el consumo innecesario, etc. Además, podemos incluir metas relacionadas con nuestro trabajo, nuestras relaciones sociales y otros aspectos importantes de nuestra vida.

Para crear tu propio *Contrato-Compromiso para cambiar yo y cambiar la economía*, debemos seguir los siguientes pasos:

- Identificar el cambio que deseamos impulsar: Este puede ser cualquier hábito que nos ayude a mejorar nuestra vida o lograr nuestras metas.

- Especificar el compromiso: debemos escribir de manera clara y concisa qué es lo que nos comprometemos a hacer y con qué frecuencia lo haremos.

- Definir un sistema de recompensas y consecuencias: definir recompensas y consecuencias es una forma efectiva de motivarnos a seguir adelante con el compromiso.

- Buscar un compañero de contrato: establecer un contrato con un amigo o compañero de trabajo puede ser una forma efectiva de mantenernos motivados y responsables.

- Revisar y evaluar el progreso: debemos revisar nuestro progreso y evaluar si estamos cumpliendo con nuestro compromiso.

Mi Contrato — Compromiso para cambiar yo y cambiar la economía

Tu nombre

_____

¿Cuál es tu objetivo principal?

Personal — familiar — comunitario — local — regional — nacional — empresa — global

_____

¿Cuál es el plazo de cumplimiento?

_____

Si no cumples, ¿cuál será la consecuencia?

_____

¿A quién reportarás tus avances?

_____

Tu firma

_____

Firma del socio — testigo

_____

Fecha

_____

Describe tu compromiso:

_____

_____

_____

_____

_____

_____

_____

_____

_____

_____

_____

_____

REFERENCIAS BIBLIOGRÁFICAS

ARCINIEGAS, Y. (24 de agosto de 2022). «Estamos viviendo el fin de la abundancia»: Macron advierte desafíos económicos y sociales. France 24.

BENYUS, J. (2012). *Biomímesis: Cómo la ciencia innova inspirándose en la naturaleza*. Barcelona: Tusquets.

BULAT, S. (13 de septiembre de 2020). *Economía del comportamiento: ¿por qué decidimos lo que decidimos?* La Nación Argentina.

CABALLERO, M. (29 de mayo de 2020). *#REinventa la ciudad: economía verde para prosperar*. El Mercurio.

CIRCLE ECONOMY (2019). *The role of municipal policy in the circular economy*.

CLEAR, J. (2019). *Cambios pequeños, resultados extraordinarios*. México: Paidós.

COMPOLIDER (10 de febrero de 2020). El cuarto cerebro y las nuevas tecnologías prescribirán el voto. Antonio Solá. [Vídeo]. YouTube.

CUEVAS, Y. (15 de abril de 2014). *Visualización: Practicar el deporte en tu mente [publicación de blog]*. Psicología, Salud y Deporte.

DELOITTE (2020). *Informe sobre tendencias globales de Capital Humano*. Deloitte.

DURÁN, J. y NIETO, S. (2008). *Mujer, sexualidad, internet y política: los nuevos electores latinoamericanos*. México: Fondo de Cultura Económica.

ELEVEN LAB (2020). *Una mirada 360 a la economía circular*.

España. Ley Orgánica 7/2022, de 8 de abril, de residuos y suelos contaminados para una economía circular. Boletín Oficial del Estado, 9 de abril de 2022, núm. 85.

European Investment Bank (2022). The 15 circular steps for cities.

FEMP (2024). *Estrategia local de economía circular.* Versión actualizada marzo de 2024. Federación Española de Municipios y Provincias. Recuperado de: https://static1.squarespace.com/static/58a3606bb8a79bb8ae7d7847/t/6645b231ab6f8e-4858fb74c5/1715843638272/Estrategia+Local+EC+ONLI-NE+24.pdf

Ferrer, J. et al. (2022). Proyecto economía circular España: Informe general de recomendaciones, enero 2022.

Fisher, M. (2016). *Realismo capitalista. ¿no hay alternativa?* Buenos Aires: Caja Negra.

Fresneda, C. (4 de diciembre de 2015). «El futuro del planeta nos lo jugamos en las ciudades». El Mundo, España.

_____ (s. f.). Diez ciudades redondas. *El Correo del Sol.* Recuperado de: https://elcorreodelsol.com/articulo/diez—ciuda-des—redondas

Fundación Cotec (2019). *Informe sobre la situación de la Economía Circular en España.*

_____ (2021). Situación y evolución de la economía circular en España.

Fundación Creafutur. (2018). *Los ciudadanos y la economía circular.*

Fundación Ellen Macarthur (s.f.). *Escuelas de Pensamiento.*

_____ (2015a). *Caja de herramientas para formuladores de políticas.*

_____ (2015b). *Hacia una economía circular: motivos económicos para una transición acelerada.*

_____ (2015c). *Elementos básicos.*

_____ (2017). *Definición, concepto y metodologías de la economía circular.*

_____ (2020a). *Es tiempo de dar un paso adelante, no hacia atrás.*

_____ (2020b). *Cómo los responsables políticos pueden lograr una recuperación resiliente con la economía circular.*

GIFFORD, R. (2011). *The Dragons of Inaction: Psychological Barriers That Limit Climate Change Mitigation and Adaptation.*

GREENPEACE (2017). *After the Binge, the Hangover.*

HARARI, Y. (2014). *Sapiens: De animales a dioses.* Barcelona: Debate.

HAWKEN, P., LOVINS, H. y LOVINS, A. (1999). *Natural Capitalism: Creating the Next Industrial Revolution.* Nueva York: Little, Brown & Company.

IPSOS (2019). *Estudio sobre la generación Z y la política en Argentina.* Ipsos Buenos Aires.

_____ (2020). *Earth Day 2020. How does the world view climate change and Covid-19?* Ipsos Global Advisor.

IRVINE, W. (2019). *El arte de la buena vida. Un camino hacia la alegría estoica.* Barcelona: Paidós.

JÄRVINEN, L. y SINERVO, R. (2020). *How to create a national circular economy road map. A guide to making the change happen.* Sitra.

JENOFONTE (1993). *Recuerdos de Sócrates. Económico. Banquete. Apología de Sócrates.* Madrid: Editorial Gredos.

JIMÉNEZ, L. (17 de enero de 2020). Economía circular—espiral, transición hacia un metabolismo económico cerrado. *Nueva Tribuna.*

MARTÍNEZ, L., HENRÍQUEZ, A. y FREIRE, N. (2019). *Economía circular y políticas públicas: Estado del arte y desafíos para la construcción de un marco político de promoción de economía circular en América Latina.* Lima: Konrad Adenauer—Stiftung.

MEADOWS, D. (1972). *Los límites del crecimiento: informe al Club de Roma sobre el predicamento de la humanidad.* México: Fondo de Cultura Económica.

MIJATOVIC, S. (4 de abril de 2019). Para avanzar hacia la economía circular, debemos hablar de ciudadanos circulares. Fundació Catalunya Europa.

MINISTERIO PARA LA TRANSICIÓN ECOLÓGICA Y EL RETO DEMOGRÁFICO (s. f.). *España Circular 2030, Estrategia Española de Economía Circular.*

MONTOYA, L. (9 de octubre de 2020). *Hierocles, el estoico.* Historia—Biografía.

PRÉ, M. (2004). *Mandalas y Pedagogía.* Francia, 2004. Págs. 87—94.

RAWORTH, K. (2018). *Economía rosquilla. 7 maneras de pensar la economía del siglo XXI.* Barcelona: Paidós.

RED DE CIUDADES Y PUEBLOS HACIA LA SOSTENIBILIDAD (2018). Economía Circular y Verde en el mundo local: Cómo pasar a la acción y herramientas para los entes locales.

RED VASCA DE MUNICIPIOS SOSTENIBLES (2019). Guía para la promoción de la economía circular desde el ámbito local. *Cuadernos de Trabajo Udal Sarea*, 21.

RLI (2015). *Circular economy. From intention to implementation.* Council for the Environment and Infrastructure (Rli), The Hague.

Romero, C. (4 de agosto de 2020). El ciudadano en la economía circular. *Iberoeconomía España.*

Sánchez Sanz, S. (2019). *Instrumentos fiscales para una economía circular en España.* Instituto de Estudios Fiscales

STEPHAN, M. y CHENOWETH, E. (2011). *Por qué la resistencia civil funciona. La lógica estratégica del conflicto no violento.*

SUÁREZ, C. (19 de diciembre de 2022). ¿El fin de la abundancia? Revista Ethic.

SUNSTEIN, C. y THALER, R. (2009). *Un pequeño empujón. El impulso que necesitas para tomar mejores decisiones sobre salud, dinero y felicidad.* Barcelona: Penguin Random House.

TOOZE, A. (7 de mayo de 2020). We are living through the first economic crisis of the Anthropocene. *The Guardian Inglaterra.*

VERDADERA ESENCIA PSICOLOGÍA (26/11/2018). *Lakshmi: La Diosa de la riqueza y la prosperidad.*

MEMENTO MORI